Anthologie Messianique

Dr. Laila Fares

ISBN : 9798533470698

DÉDICACE

Ce livre est dédié à tous ceux et à toutes celles qui aiment la poésie et qui sont à la recherche de la vérité concernant le christianisme.

Statue à Catane en Sicile de Saint Athanase 297-373, vingtième Patriarche d'Alexandrie.

Saint Cyrille [Kyrellos] VI, 1902-1971 ; 116e Patriarche d'Alexandrie.

Sa Sainteté le Pape Shenouda III, 1923-2012 ; 117e Patriarche d'Alexandrie.

Sa Sainteté le Pape Tawadros II (Théodore II) 118e Patriarche d'Alexandrie. Que Dieu le bénisse et lui donne santé et longue vie.

Sa Sainteté le Pape François [Francis] Patriarche de Rome, Souverain Pontife du Vatican. Que Dieu le bénisse et lui donne santé et longue vie.

Table des Matières

Un Commencement, un Avènement et un Enseignement

Évangile de Saint Jean 1 : 1 – 51

[1] Au commencement le Logos était.
Et le Logos c'est en Dieu qu'Il était.

Voilà : Tout simplement le Logos était Dieu.
[2] Celui-là était au commencement en Dieu.

[3] Par Lui toutes choses se mirent à exister,
Sans Lui ne fut jamais rien de ce qui était.

[4] En Lui [à l'intérieur de Lui] était la Vie ;
Or Elle était la lumière des hommes cette Vie.

[5] Et dans les ténèbres vient briller la lumière ;
Pourtant les ténèbres point ne l'assimilèrent.

[6] Il y avait un homme que Dieu avait envoyé :
Du nom de Jean. Celui-ci vint pour témoigner ;

[7] À la Lumière il devait rendre témoignage,
Afin que tout le monde puisse croire par son message.

[8] Il n'était pas pour autant la Lumière lui-même.
Mais témoignait d'avance pour la Lumière suprême.

[9] Le Logos était la Lumière Véritable ;
Venant dans le monde [visible et percevable]

Illuminant tout homme. [10] Il était dans le monde,
C'est par Lui que fut créé et formé le monde,

Et cependant le monde ne l'a pas reconnu.
[Ne l'ayant ni accepté ni vraiment connu].

[11] Il est venu parmi les siens, sa parenté ;
Mail ils l'ont rejeté, ne l'ont pas accepté.

[12] Quant à tous ceux qui l'ont accueilli et admis,
[Mettant en Lui leur foi, devenant ses amis ;]

Il leur donna l'autorité [soit le pouvoir]

De devenir fils de Dieu, soit ceux qui veulent croire

En Son Nom. [13] Ceux-ci qui sont nés non pas de sang,
Ni de la volonté d'un corps [de chair, de sang]
Ni de la volonté d'un homme, mais de Dieu.
[Cette naissance n'est donc pas visible par les yeux].

[14] Et le Logos se fit Chair, devint Corps Humain
Et vint parmi nous [toujours Divin et Humain].

Nous avons vu sa gloire, [sa seule et unique race]
De Fils Unique plein de vérité et de grâce ;

Gloire comme du [seul Premier-Né] Fils Unique du Père,
[Premier et Dernier de sa pure et Vierge Mère ;

À sa naissance, discrètement il fallut taire,
Les détails concernant sa race solitaire].

[15] Jean-Baptiste lui témoigna ; annonçant : « Voilà,
Celui dont j'ai dit celui qui vient après moi

Est devenu devant moi, parce qu'il était
Avant moi ». [16] Et à partir de son entité,

De sa plénitude, nous avons tous recueilli
Grâce par-dessus grâce. [17] Parce que la Loi jaillit

Par Moïse ; quant à la grâce et la vérité,
C'est par Jésus-Christ qu'elles advinrent [réalité,

[Elles font partie de ses qualités inhérentes,
Telles qu'elles sont pour toute l'humanité suffisantes].

[18] Dieu, nul ne l'a jamais vu, [mais] le Fils Unique,
[Dont l'unité et l'égalité hiérarchique

Avec le Père dure éternellement, Lui étant
Uni par une étreinte Sainte en tout temps,]

Qui est dans le sein du Père, nous L'a révélé
[En connaissance de cause Il nous en a parlé ;
C'est Lui justement qui nous L'a fait connaître].
[19] Voici le témoignage de Jean quand des prêtres,

Des Lévites, ont été envoyés par les Juifs
[De Jérusalem] pour lui demander, [pensifs :]

« Qui es-tu ? » [20] Il confessa et ne nia rien,
Attestant : « Moi, je ne suis pas le Christ ! » [21] « Eh bien,

Lui demandèrent-ils, es-tu Élie par hasard ? »
Il répondit : « Ce n'est pas moi ! » « Quelque [bizarre]

Prophète ? » Il répondit « Non ! » [22] Alors ils lui dirent :
« Qui es-tu ? Car [il nous faut à tout prix agir,]

Nous devons donner une réponse [claire et distincte]
À ceux qui nous ont envoyés [en mission sainte] !

Que dis-tu de toi-même ? » [23] Il dit : « Je suis une voix
Qui crie dans le désert, rendez bien droite la voie

Du Seigneur, comme a dit Esaïe le prophète ».
[24] Ces messagers étaient des pharisiens de secte.

[25] Ils lui demandèrent donc et lui dirent : « [Tu baptises
Sans être la personne par l'Écriture promise] ?

Puisque tu n'es pas le Christ, tu n'es pas non plus
Élie ni le prophète, pourquoi donc baptises-tu » ?

[26] Jean leur répondit : « Moi, je baptise avec l'eau,
Mais au milieu de vous se tient Celui [d'en haut]

Debout ! Vous n'avez pas [encore] sa connaissance !
[27] C'est Lui qui vient après moi ; [avant ma naissance

Déjà il était, me devançant ;] devant moi
Celui-ci advint, Celui dont, même la courroie

De ses souliers, je ne suis pas digne, [pour sûr,]
De la défaire [ni de toucher à ses chaussures] ».

[28] Cela avait lieu à Beit-Abara, là même,
Au-delà du Jourdain, Jean donnait le baptême.

[29] Le lendemain, Jean regarda Jésus venant
Vers lui et dit : « Voici l'Agneau de Dieu, [maintenant,]

Qui enlève le péché du monde. [30] C'est Celui-ci
Dont j'ai dit : Un homme vient après moi, [le Messie ;]

Advenu devant moi car avant moi Il fut.
[31] Et moi je ne l'avais jamais [encore] connu.

Mais afin qu'Il se manifeste à Israël,
Je suis venu ; pour cette raison, [cause de mon zèle,]

Baptiser par l'eau. [32] Puis Jean rendit témoignage :
J'ai vu l'Esprit tel une colombe [sublime et sage

Qui descendait] du ciel et qui a reposé
Sur Lui. [33] Sans le connaître, je fus avisé,

Moi ; car Celui qui m'a envoyé baptiser
Par l'eau, m'a dit : "Celui sur qui sera posé

L'Esprit que tu verras descendre et reposant
Sur Lui, c'est Celui-là qui ira baptisant

Du baptême de l'Esprit Saint." [34] J'ai vu, témoigné,
Que Celui-là est le Fils de Dieu [de Lui né] ».

[35] Jean et deux de ses disciples, le lendemain,
Étaient [encore] debout. [36] Voyant [sur le chemin]

Jésus qui marchait, Jean dit : « Le voilà, de Dieu
L'Agneau, qui enlève le péché du monde [si vieux] ».

[37] Les deux disciples l'écoutèrent ; suivirent Jésus.
[38] Jésus se retourna et il les aperçut

Qui suivaient. Il leur dit : « Quelle est votre demande » ?
Ils répondirent : « Rabbi ! (Maître, ils entendent.)

Où est-ce que tu demeures ? » [39] Il leur dit : « venez voir ».
Ils vinrent et virent [où demeurait ce Roi de Gloire] !

Ils demeurèrent chez lui ce jour-là. [Quant au temps,]
C'était environ la dixième heure, [cet instant].

[40] André était l'un des deux qui entendirent
Jean [parler de Jésus] et qui Le suivirent !

[41] Celui-ci alla trouver en premier son frère
Simon, lui disant : « Nous avons trouvé, [mon cher,]

Le Messie » ! (Ce qui veut dire le Christ.) [42] Il l'amena
À Jésus qui lui dit : « Simon, fils de Jona,

Tu seras appelé Céphas, qui veut dire Pierre ».
[43] Le lendemain Jésus voulut sortir envers

La Galilée, puis il trouva Philippe : « Suis-moi »,
Lui dit-il. [44] Philippe était de ce même endroit

D'où étaient André et Pierre : Beit-Saïda la ville.
[45] Philippe alla trouver Nathanaël : « [Jubile !]

On a trouvé Celui dont Moïse a écrit
Dans la Loi, et les Prophètes [dans leurs écrits] :

Jésus fils de Joseph qui est de Nazareth ».
46 Nathanaël lui répondit, [lui tenant tête :]

« De Nazareth, rien de bon pourrait-il sortir » ?
Philippe lui dit : « Viens voir ». 47 Jésus vit donc venir

À Lui Nathanaël, Il dit à son propos :
« Voici un vrai Israélite, [parfait dévot]

En qui il n'y a jamais [eu] de tricherie ».
48 « D'où me connais-tu » ? Nathanaël répondit.

Jésus lui dit : « Avant que Philippe ne t'appelle,
Quand tu étais sous le figuier, [Nathanaël,]

Je t'ai vu ». 49 « Maître ! s'exclama Nathanaël,
Tu es Fils de Dieu, oui, Tu es Roi d'Israël ».

50 Jésus lui répondit : « Est-ce que tu as cru
Parce que moi je t'ai dit que Je t'avais vu

Sous le figuier ? Tu verras de bien plus grandes choses.
51 En vérité, je vous dis, [l'affaire n'est pas close,]

Dès maintenant vous verrez le Ciel tout ouvert ;
Les anges de Dieu monter et descendre [du Père]

Sur le Fils de l'homme ».

Noce à Cana, Zèle au Sénat et Victoire au Combat

Évangile de Saint Jean 2 : 1 – 25

Introduction : Le premier chapitre de l'Évangile de Saint Jean nous raconte, entre autres, l'histoire du baptême du Seigneur Jésus Christ. C'est cet évènement majeur qui sert de référence pour la date historique commençant le début du second chapitre. Notons la transition dans la relation symbolique entre l'eau du Jourdain pour le baptême et l'eau transformée en vin pour les noces.

1 Le troisième jour, il y eut une noce à Cana
En Galilée. La mère de Jésus y dîna.
2 Jésus et ses disciples étaient invités.
3 Quand le vin s'épuisa : « Comment vont-ils fêter ?
Ils n'ont plus de vin » ! Lui dit sa mère, à Jésus.
4 « Femme, qu'y a-t-il ? Mon heure n'est pas encore venue ».
Lui répondit-il. 5 Sa mère dit aux serviteurs :
« Quoi qu'il vous demande, faites-le sans peur, sans lenteur ».
6 Or il y avait chez eux six tonneaux en terre cuite,
Pour la purification selon l'ancien rite ;
Dont chacun contient environ deux ou bien trois
Quarantaines de litres. 7 Jésus leur dit : « Adroits
Et sages serviteurs, remplissez-moi ces tonneaux
Jusqu'à leur bord ». « Comment » ? Dirent-ils. « Avec de l'eau ».
Ils les remplirent donc allègrement à ras bord.
8 Il leur dit : « Goûtez-en maintenant, vous, d'abord,
En second lieu offrez-en au chef de la noce ».
Ils lui en offrirent. 9 Quand il goûta par Issos[1]
L'eau transformée en vin, n'en sachant pas la source ;
Mais les serviteurs connaissaient ; durant cette course,
Ils en avaient bu. Le chef appela l'époux :
10 « Tout homme avisé offre d'abord le plus doux,
Le plus exquis et le plus raffiné des vins
Au début. Puis quand l'ivresse rend les gens malsains,
Alors, il offre la qualité inférieure.
Mais toi tu as réservé le vin supérieur
Pour la fin » ! 11 Ceci fut le début des prodiges
Qu'opéra Jésus, c'est là que de son prestige
Témoignèrent ses disciples, dans la Galilée,
Ils crurent en Lui et sa gloire leur fut révélée.
12 Après ça, à Capharnaüm il descendit,
Avec ses cousins qui sont 'ses frères', comme on dit,

1 Issos est le nom de Jésus en Copte.

Sa mère et ses disciples. Ils n'y demeurèrent
Pas longtemps. [13] La Pâques des Juifs, grande fête coutumière,
Était proche ; par conséquent, Jésus remonta
À Jérusalem. [14] Il trouva avec leurs tas,
Au beau milieu du temple, assis, des marchands
Qui vendaient bœufs, brebis, colombes ; mais ni des chants
De louange, ni des prières. Il trouva aussi
Les banquiers et leurs tables de monnaie, assis.
[15] Il fabriqua donc avec des cordes un fouet
Et pris d'un zèle ardent, héroïque, dévoué,
Il les chassa tous hors du temple : bœufs, brebis,
Les pièces de monnaie et les tables, tout subit
Un écroulement de sa part car il renversa
Tout parterre. Rien d'inconvenant il n'y laissa.
(Les vendeurs d'animaux, partant à la suite
De leurs bêtes ; les banquiers, ayant pris la fuite ;
Il ne resta plus que les vendeurs de pigeons,
Qui attendaient leur retour dans leurs cages maisons.)
[16] Il dit à ces derniers : « ôtez tous ces engins
D'ici. Cette maison sainte n'est pas un magasin,
Ne rendez pas la maison de mon Père pareille
Aux maisons de commerce vendant vos appareils ».
[17] Ses disciples se souvinrent donc de l'Écriture :
(Ils se le dirent plus tard. Pour l'instant ils le turent.)
« Le zèle de Ta Maison M'a dévoré ». [18] Les Juifs
Répliquèrent : « Quel signe nous montres-tu, pontife,
Pour agir ainsi » ? [19] Jésus leur dit : « Détruisez
Ce temple et en trois jours, cet édifice brisé,
Moi, je le relèverai ». [20] Les Juifs dirent : « Quarante-
Six ans ont fallu en mains-d'œuvre compétentes
Pour bâtir ce temple et toi, tu vas l'ériger
En trois jours » ? [21] Quant à lui, en langage abrégé,
Il parlait du temple de son corps. [22] Relevé
Des morts après sa résurrection ; arrivés
Au souvenir de ces mots ses disciples virent
Pourquoi Il avait parlé ainsi et en firent
Mémoire. Ils crurent au Livre, donc, et aux paroles
Qu'avait prononcées Jésus dans ses paraboles.
[23] Pendant la Pâque, Il était à Jérusalem,
Beaucoup crurent en son nom, en son pouvoir suprême !
Lorsqu'ils eurent vu les miracles qu'Il opérait !
[24] Mais Jésus ne se permettait pas d'espérer
Quoique ce soit de leur part. Il ne remettait
Pas son âme entre leurs mains. Il ne promettait
D'ailleurs jamais rien de pareil. Car il savait
Combien l'âme humaine a besoin d'être sauvée !
[25] Il connaissait parfaitement ce qui se passe
Dans l'homme. Il n'avait pas besoin qu'on lui en fasse
La démonstration. Les gens avaient témoigné ;
Quant à Lui, nul ne pouvait rien lui enseigner !

Visite Peu Conformiste, Éloquence du Linguiste et Discours du Baptiste

Évangile de Saint Jean 3 : 1 – 36

[1] Or il y avait un homme parmi les pharisiens
Nommé Nicodème, membre Juif du Sanhédrin.
[2] Il vint à Jésus, pour lui confesser, de nuit :
« Rabbi, nul ne peut, si Dieu n'était avec lui,
Faire les signes miraculeux que tu opères.
Nous savons que tu es un professeur expert
En religion et venant de la part de Dieu ;
Autrement, nous démentirions nos propres yeux ».
[3] « À moins de naître à nouveau, Jésus répondit,
Nul ne pourrait, en vérité je te le dis,
Voir le Royaume de Dieu ». [4] « Comment un homme naîtrait,
S'il est déjà vieux ? Lui faudrait-il donc rentrer
Une seconde fois dans le ventre de sa mère » ?
Interrogea Nicodème. [5] Jésus dit, sincère,
« Si tu veux la vérité, à moins de naître
D'eau et d'Esprit, nul ne peut entrer pour être
Dans le Royaume de Dieu ; [6] ce qui naît de la chair
Est chair, c'est la seule chose qu'elle génère,
Tandis que ce qui naît de l'Esprit est Esprit.
[7] Ne t'étonne pas que je dis, que je t'ai appris
Qu'il vous faut naître d'en haut. [8] Le vent vient souffler
N'importe où et n'importe comment, comme ça lui plaît ;
Tu connais son sifflement, tu écoutes sa voix,
Mais tu ne sais ni contrôles guère où le vent va
Ni d'où il vient. De même, tous ceux qui sont renés
De l'Esprit ». [9] Mais Nicodème fut bien consterné.
Il dit : « Comment se peut-il qu'il en soit ainsi » ?
[10] Jésus lui répondit : « Avec si grand souci,
Tu es chargé d'enseignement pour Israël ;
Et tu ne connais pas comment ces choses sont telles ?
[11] En vérité, en vérité, je te le dis :
Nous parlons de ce que nous connaissons, jadis
Ou maintenant ; de choses visibles nous rendons
Témoignage, mais vous n'acceptez jamais ce dont
Nous témoignons. [12] Je vous parle des choses de la terre
Et vous vous refusez de croire en ces mystères !
Comment pourriez-vous donc croire si je vous parlais

Des choses du ciel ? [13] Nul n'est monté, ni est allé
Au ciel sauf celui qui est descendu, venu
Du ciel : aucun lieu ne l'a jamais contenu,
Qui est-il ? C'est le Fils de l'homme qui est dans le ciel.
[14] Comme au désert Moïse éleva la charnelle
Sculpture du serpent d'airain, chargé de sauver,
De même le Fils de l'homme doit-il être élevé.
[15] Afin que tous ceux qui croient en Lui ne périssent
Point mais qu'ils aient la vie éternelle. [16] Qu'Il chérisse
À ce point le monde, qu'Il déploie son grand Amour
Pour lui, Dieu envoie ainsi son ultime secours :
Il sacrifie son Fils Unique pour que la foi
En son Nom sauve du péril tous ceux qui y croient ;
Qu'ils ne périssent point mais aient la vie éternelle.
[17] Car Dieu n'envoie point son Fils dans le monde rebelle
Pour le condamner mais pour le sauver par Lui.
[18] N'est pas condamnable celui qui croit en Lui,
Celui qui n'y croit point est déjà condamné
Car il ne croit pas au Nom du Fils Unique né
De Dieu. [19] Voici donc la seule vraie définition
De la condamnation : Elle a fait irruption,
La Lumière, dans le monde ; et les gens ont aimé
Les ténèbres bien plus, pour ne point abîmer
Leurs œuvres mauvaises, rompues par la médiocrité,
Corrompues par la haine et la méchanceté.
[20] Car chacun de ceux qui commettent impunément
L'injustice et le mal, déteste profondément
La lumière, n'y vient pas, refuse de l'accueillir ;
De crainte que ses œuvres ne puissent plus tant mûrir,
Et que la découverte de leur vraie valeur
Ne constitue pour lui le blâme, la peine, la peur.
[21] Quant à celui qui agit en conformité
Avec le droit et la justice, se présenter
À la lumière, pour lui, ne cause aucun problème,
Car ses œuvres manifestent de Dieu l'emblème ».

[22] Après cela, Jésus et ses disciples vinrent
En Judée, ils y séjournèrent et ils s'y tinrent.
Il baptisait. [23] Près de Salim, Jean baptisait
À Ainon, beaucoup de gens venaient, se faisaient
Baptiser, car il y avait de l'eau abondante
En cet endroit. [24] À cette époque antécédente,
Jean n'avait pas encore été emprisonné.
[25] Ensuite survint une controverse passionnée
Entre les disciples de Jean et certains Juifs :
La purification comme un rite ablatif
En était le sujet. [26] Ils allèrent trouver Jean
Et lui dirent : « Maître, voilà que beaucoup de gens
Vont vers celui qui fut au-delà du Jourdain
Avec toi, que tu baptisas avec tes mains,
Dont tu rendis témoignage ; voilà qu'il baptise

Et tous vont vers lui ». 27 « Il faut que je vous le dise,
Répondit Jean, nul ne peut jamais acquérir
Quoique ce soit, à moins que le don d'investir
Ne lui soit accordé du ciel. 28 Vous m'êtes témoins
Vous-mêmes que j'ai déjà dit 'je suis beaucoup moins
Que Lui ; que je suis tout simplement envoyé
Devant Lui mais ce n'est pas moi le Christ, veuillez
M'en croire. 29 Voilà, Celui qui a la mariée
C'est l'Époux. Quant à l'ami de l'Époux, choyé ;
Il est debout, l'écoutant, aux aguets ; sa joie
Ne consiste que dans l'écoute de la voix
De l'Époux. Donc, ma joie est désormais parfaite.
30 Il faut qu'il grandisse et que je diminue. 31 Faites
Foi car Celui qui vient d'en haut est supérieur
À tous. Celui qui est de la terre, inférieur,
Étant terrestre, il ne parle qu'à partir
De la terre. Celui qui vient du ciel doit grandir
Au-dessus de tous. 32 Il vient rendre témoignage
De ce qu'Il a vu et entendu. Nul n'est sage,
Puisque nul n'accepte son témoignage. 33 Celui
Qui L'accepte scelle de son propre sceau, dit oui
À la vérité, l'amour, la franchise de Dieu.
34 Car celui que Dieu a envoyé parle un pieux
Langage ; révélant les paroles de Dieu. L'Esprit,
Que Dieu donne librement, non pas par l'avarie,
Et jamais en fonction d'un système de mesure ;
Est Lui-même témoin qu'un tel messager est pur.
35 Le Père aime le Fils, lui a remis le pouvoir
En ses mains. 36 Quiconque croit au Fils, verra sa gloire,
Sa foi pleine de confiance dans le Fils lui vaudra
La Vie Éternelle. Qui refuse le Fils n'aura
Aucune vie, ne verra point la vie mais demeure
Dans la colère de Dieu et sur lui elle demeure ».

Au Bord du Puits, Dialogue à l'Appui et Accueil en Samarie

Évangile de Saint Jean 4 : 1 – 54

[1] Lorsque le Seigneur apprit que les pharisiens
Entendirent que Jésus faisait plus de chrétiens
Et en baptisait plus que Jean ; [2] mais cependant,
Jésus lui-même ne baptisait pas, concordant
Ce sacrement parmi Ses disciples ; [3] quittant
La Judée, Il vint en Galilée. [4] N'évitant
Pas la Samarie, [5] Il vint à une ville nommée
Sychar, près du terrain que Jacob, si charmé
Par son fils Joseph, lui avait donné, Sichem ;
Don perçu comme privilège à celui qu'il aime.
[6] Là-bas se trouvait le puits de Jacob. Étant
Fatigué du voyage, voilà que, méditant,
Jésus s'assit au bord du puits ; aux environs
De la sixième heure. [7] Vint une femme, prête aux affronts ;
Étant de la Samarie, pour puiser de l'eau.
Jésus lui dit : « Donne-moi à boire ». [8] ‘ Mais quel culot’ !
Pensa-t-elle, car Ses disciples étaient au marché,
Pour acheter de quoi assouvir et étancher
Leur faim et leur soif. [9] La femme Lui dit : « Comment oses-
Tu me demander à boire, toi qui es Juif, chose
Incroyable, bien que je sois Samaritaine
Et femme par-dessus le marché » ? Une forte haine
En effet, empêchait les Juifs de côtoyer
Les Samaritains. [10] « Quel grand prix déjà payé
Par Dieu, lui dit Jésus, si tu en connaissais
Quelque chose, c'est toi qui aurais, certes, esquissé
La demande ; et si tu savais Qui est Celui
Qui te demande à boire, c'est de jour et de nuit,
Que toi, tu Le solliciterais en prière ;
Et Il te donnera de l'eau vivante ». [11] Sincère,
La femme lui dit : « Monsieur, tu n'as même pas de seau,
Et le puits est profond ; nous prends-tu pour des sots ?
D'où la puiserais-tu, ton eau vivante ? [12] Plus grand
Serais-tu que notre père Jacob, nos parents ;
À qui il donna le puits, et dont il a bu
Lui-même, ses fils et son bétail » ? [13] Alors Jésus
Lui dit : « Ceux qui boivent cette eau auront encore soif ;
[14] Mais ceux qui boivent de l'eau de ma propre carafe,
Que Moi seul Je donne, jusqu'à toute l'éternité,
Ne connaîtront de la soif que la joie fêtée,

Mais non pas le manque, la souffrance ni le tourment.
L'eau que Je donne devient en eux source enfermant
Une fontaine d'eau qui jaillit en Vie Éternelle.
[15] La femme lui dit : « Monsieur, donne-moi donc une parcelle
De cette eau magique pour que je n'aie plus souci
D'avoir soif ni de venir puiser l'eau ici ».
[16] Jésus lui dit : « Va, appelle ton mari, puis viens ».
[17] La femme répondit : « Je n'ai pas de mari, tiens » !
Jésus lui dit : « Tu dis n'en avoir pas, c'est bien ;
[18] Tu en as eu cinq, et même à présent le tien
N'est pas ton mari ! Tu as parlé franchement ».
[19] La femme lui dit : « Monsieur, je vois bien clairement
Que tu es un prophète. [20] Nos pères ont adoré
Au temple construit à Garizim qui serait
Sur cette montagne. Vous dites qu'à Jérusalem
Il faut adorer plutôt que là, à Sichem » ?
[21] Jésus lui dit : « Femme, crois-moi, du grand rendez-vous,
Où, ni sur ce mont ni à Jérusalem vous
N'adorerez le Père ; le temps est accompli.
[22] Vous autres, vous adorez ce qui humilie,
Vous révérez ce que vous ignorez. Mais nous,
C'est devant ce que nous connaissons qu'à genoux
Nous rendons un culte. Car le salut vient des Juifs.
[23] Mais l'heure vient et déjà elle est là où les vifs
Adorateurs du Père, sincères et rachetés,
L'adoreront en Esprit et en vérité.
Car le Père exige de pareils adorateurs.
[24] Dieu est Esprit et ceux qui L'adorent à cette heure
C'est en Esprit et en Vérité qu'ils se doivent
De L'adorer. Il faudra bien qu'ils s'aperçoivent
De son grand amour ». [25] La femme Lui dit : « Moi, je sais
Qu'un Messie appelé le Christ doit traverser
L'histoire. Une fois qu'il sera venu, de toutes choses
Il nous avisera ». [26] Jésus lui dit cette clause :
« Celui-là c'est Moi Qui te parle ». [27] À cet instant,
Ses disciples vinrent. Ils s'étonnèrent, nonobstant
Le fait qu'Il parlait avec une femme, ils ne dirent
Pas « qu'est-ce qu'elle demande ? Ou pourquoi T'entretenir
Avec elle » ? [28] La femme, quant à elle, laissa sa cruche,
Et, semblable à la reine pour le miel dans sa ruche,
S'en alla annoncer en ville la bonne nouvelle,
Proclamant aux gens : [29] « Venez voir ce que recèle
Notre pays, un Homme qui m'a tout révélé ;
De tout ce que j'ai fait, Il vient de me parler.
C'est Lui le Christ, le Sujet de notre espérance ».
[30] Ils sortirent alors de la ville et vinrent en sa présence.
[31] Pendant ce temps, Ses disciples Lui demandaient :
« Maître, mange » ! [32] Il leur dit : « Moi je dois m'accorder
Une autre nourriture, dont vous ne connaissez
Encore rien ». [33] Ils se dirent donc : 'Voilà que pressé
Par quelqu'un Il aurait déjà mangé sans nous'.

[34] Il dit : « Ma nourriture est de venir à bout
De Son œuvre dont, Celui qui M'a envoyé,
La complète responsabilité M'a confiée ;
Et de faire sur terre comme au ciel Sa volonté.
[35] Ne dites-vous pas, encore quatre mois à compter
Puis viendra la moisson ? Pourtant moi je vous dis,
Levez vos yeux et regardez les champs blanchis
Déjà pour la moisson. [36] Le moissonneur reçoit
Un salaire et récolte du fruit dans la joie
Pour la vie éternelle ; ainsi, quiconque plante
Grains ou racines et quiconque récolte ; l'entente
De ces deux, ensemble, les fera se réjouir.
Leur mutuelle dépendance les fait s'épanouir.
[37] Car en cela le proverbe est vrai, pour cette fois :
'L'un plante, l'autre récolte '. [38] Voici que Moi
Je vous ai envoyés pour récolter sans peine
Des fruits que vous ne vous êtes pas mis hors d'haleine
Ni fatigués pour les planter. D'autres ont peiné,
Leurs travaux leur ont coûté de bien longues années,
Vous êtes entrés donc dans le fruit de leur fatigue
Mais vous formez ensemble une importante ligue ».
[39] Beaucoup de personnes parmi les Samaritains
De cette ville crurent en Lui à cause du don certain
Des paroles de la femme qui avait attesté :
« Il m'a dit ce que j'ai fait en totalité ».
[40] Lorsqu'ils arrivèrent enfin auprès du Seigneur,
Ils Lui demandèrent de faire chez eux Sa demeure.
Alors Il resta deux jours entiers avec eux.
[41] Leur foi grandit à cause de Son discours si pieux,
Et de Ses propres paroles qu'Il leur adressait.
[42] Ils dirent à la femme : « Ce que tu as confessé
À Son propos n'est plus notre raison de foi ;
Nous savons, après avoir entendu Sa voix,
Que cet Homme est en vérité le Christ, Sauveur
Du monde ». [43] Après les deux jours en leur honneur,
Que le Seigneur passât chez eux ; Il en partit
Et passa en Galilée. [44] Pour qu'on se rendît
Compte, ainsi que Jésus lui-même en témoigna,
Que dans sa patrie, jamais prophète ne gagna
Aucun honneur. [45] Les galiléens le reçurent
Bien lorsqu'Il arriva en Galilée. Ils furent
Témoins à Jérusalem lors de la fête ;
Y ayant assisté, des choses qu'Il avait faites.
[46] Jésus revint donc à Cana de Galilée
Où il a transformé l'eau en vin. Un valet
Du roi avait un fils qui était très malade
À Capharnaüm. [47] Apprenant la promenade
Entreprise par Jésus allant de la Judée
En Galilée, il vint exprès lui demander
De descendre guérir son fils près de mourir.
[48] Jésus lui dit : « Vous ne pouvez donc croire sans jouir

Au préalable de visions miraculeuses
Et de signes » ? 49 La langue du valet, bienheureuse,
Le supplia : « Descends vite avant qu'il ne meurt ».
50 « Vive ton fils, va » ! À ces mots que dit le Seigneur,
Le valet du roi crut avec une grande foi.
51 Pendant qu'il descendait, ses domestiques le voient ;
Sachant la grandeur de sa soif pour les nouvelles,
Ils lui disent : « Ton fils est dans l'humeur la plus belle,
Il est vivant ». 52 Il leur demanda : « À quelle heure
S'est-il fortifié » ? « Hier, à la septième heure,
Lui dirent-ils, la fièvre l'a quitté ». 53 Triomphant,
Le père comprit, quand Jésus dit : « Vive ton enfant »,
C'était à cette heure-là. Il crut avec raison,
Et partagea sa foi avec toute sa maison.
54 Ce second miracle fit la joie redoubler
Quand Jésus vint de la Judée en Galilée.

La Femme Samaritaine

D'après l'Évangile de Saint Jean 4 : 1 – 42

Le Fils de Dieu dit à la femme Samaritaine,
Qui était allée puiser l'eau au bord du puits :
« J'ai soif » ! Elle pensa 'Il ne sait pas qui je suis'
Les Juifs ne se mêlant pas aux nations lointaines !

Ni à la proche Samarie, ville ennemie, placée
Entre Judée et Galilée. Jésus s'assit,
Fatigué du voyage et des cœurs endurcis,
Au bord du puits de Jacob, père de Manassé.

Elle dit : « Tu me parles ? Toi ! Au lieu de m'être hostile !
Tu me demandes à boire ? Cela est bien étrange !
Pour ne pas me haïr, il faudrait être un ange » !
Jésus sembla lui trouver un air puéril.

Il se mit à l'aimer ; désira son salut :
'Je veux la libérer des scandales qui l'étonnent !
Elle a l'air si perdu ; je voudrais qu'elle raisonne.'
« Si tu savais le don que Dieu fit aux élus !

Si tu savais quel cadeau le monde a reçu !
Si tu savais ! C'est toi qui M'aurais demandé
À boire, et volontiers Je t'aurais accordé
Une eau vivante et pure, que le Père a conçue ».

« Le puits est profond, vous n'avez même pas un seau !
Ni une corde, monsieur, afin de pouvoir puiser !
La soif vous aurait-elle à ce point épuisé ?
Qu'elle vous fasse voir des mirages si cruels et sots » ?

« L'eau dont tu parles, madame, très vite se tarit.
Celui qui en boit cherchera toujours ailleurs
À étancher sa soif, aspirant au meilleur.
La soif du corps diffère de la soif de l'esprit.

Mais l'eau vivante, précieuse et gratuite, que Je donne,
Seule est en mesure de bénir l'humanité.
Quiconque en boira, connaîtra la vérité.
Il viendra pour renaître, vers Moi Qui pardonne.

Il n'aura plus jamais soif de l'eau de ce monde.
Il construira dans Mon Royaume un ministère,

Éternel, dans les cieux. Sa demeure sur la terre,
Éphémère, en multipliera les grâces fécondes ».

Elle ne comprit pas tout à fait, mais elle lui dit :
« Donnez-moi donc de cette eau-ci pour que je puisse
Boire, sans que je me fatigue et sans que je hisse
Mon seau dans ce puits, dans la chaleur de midi ».

« Non, n'épargne pas tes forces : Puise, hisse et travaille.
Ne te méprends pas sur Mes paroles, attention !
Ne crois pas que chômer soit dans Mon intention.
Montre-Moi ton mari avant que Je M'en aille.

Va Me l'appeler, s'il te plaît, ensuite reviens ».
« Je suis célibataire, je n'ai pas de mari ».
« Tu en as eu cinq déjà ; l'homme que tu nourris,
À présent, Ma chère dame, n'est que ton concubin !

Ta franchise n'a pas su taire la réalité.
Tu n'as pas de mari, c'est vrai, tu as souffert.
La femme qui, mal-aimée, est en proie à l'enfer
Confond toutes les valeurs, ignore la vérité ».

« Je vois que vous êtes un homme extraordinaire.
Vous n'êtes pas banal comme le commun des mortels,
Nos pères sur cette montagne ont élevé des stèles,
Vous dites qu'à Jérusalem soit le sanctuaire ?

Je ne doute pas du tout que vous soyez prophète.
Dites-moi donc comment faire ? Où faut-il adorer ?
Dans la ville ? Sur les monts ? Dans les bois ? Dans les près ?
En quels lieux ? En quels temps ? Quels cultes ? Quels rites ? Quelles fêtes ? »

« Hélas, madame, vous adorez tellement de choses
Que vous ignorez. Imitez notre exemple.
Le salut vient des Juifs, ce n'est pas le temple
Qu'il faut adorer, mais Dieu qui en est la cause.

Adorez en prières, ou en actions de grâces.
Peu importe en l'adorant le lieu extérieur !
Le Père les veut en Esprit, ses adorateurs !
Dieu est Esprit, Tout-Puissant, Saint, Vrai et Vivace.

Qu'on l'adore donc en Esprit et en Vérité.
Il aime être glorifié par les gens sincères.
Il les appelle, les émonde, se lève et les sert.
Car ils savent le rendre fier de leur liberté ».

« Moi, je sais qu'un Messie nommé le Christ viendra ».
« C'est moi-même qui te parle ». Sur ce, viennent du marché
De la ville ses disciples : Ils s'étonnent du cliché.

Sans l'interroger : « Maître, mange ». « Non, il faudra

Que Je mange une autre nourriture, différente
De celle-ci. Vous ne la connaissez pas. Pourtant,
Vous vous demandez 'qui M'a nourri ? Qui J'attends ?'
Je dois juste faire la volonté prépondérante

De Celui qui M'a envoyé. Ma nourriture
Est d'accomplir sa volonté. J'appelle à Lui
Ceux qui, ne le connaissant pas, se sont réduits
À l'esclavage, à la mort, à la pourriture ».

La femme après avoir sa cruche abandonné,
Courut vers Sichar, la ville où elle annonça
Aux gens : « Venez voir un homme qui me retraça
Tous mes secrets cachés, Il les a mentionnés.

C'est Lui le Messie, à coup sûr, sans aucun doute ».
Ils sortirent de la ville pour aller à l'endroit
Où Jésus était. Ils eurent en Lui une grande foi.
Ils dirent : « C'est le Sauveur ! Heureux ceux qui L'écoutent ».

Ils le prièrent de demeurer un peu chez eux.
Il les exauça et prolongea son séjour
À Sichar, où l'on reçut son message d'amour.
Et l'on y crut en Lui, Jésus-Christ Fils de Dieu.

Complot des Sages, Sabotage et Témoignage

Évangile de Saint Jean 5 : 1 – 47

1 Après cela, c'était l'une des fêtes pour les Juifs,
Jésus vint à Jérusalem, toujours actif,
2 Or à Jérusalem il se trouve une piscine
Qui, de la Porte des Brebis est toute voisine.
Appelée en hébreu Beith-Hésda, avec cinq
Portes. 3 Une foule de malades y gisait indistincte :
Des aveugles, des boiteux, des paralysés ;
Ils attendaient que l'eau bouge. 4 Car un ange visait
L'eau parfois ; l'agitant, celui qui descendait
Le premier était guéri par ce procédé
De n'importe quelle maladie, même la plus chronique.
5 Un homme y gisait, qui était paralytique
Depuis trente-huit ans, 6 l'ayant aperçu, Jésus
Lui dit : « Veux-tu guérir » ? Car il avait bien vu
Que ça faisait longtemps qu'il était impotent.
7 Le malade lui répondit : « Seigneur, je n'attends
Qu'une personne qui puisse me jeter dans l'eau, quand l'ange
Descend pour l'agiter, mais personne ne se dérange
Pour moi. Tandis que je m'apprête à descendre,
Un autre me devance ». 8 « Lève-toi sans attendre,
Porte ton lit et marche », lui dit Jésus. 9 Soudain,
Arriva ce que les Juifs trouvèrent clandestin !
Car aussitôt, l'homme rendu à la guérison,
Portait son lit, marchait. Ce jour de déliaison,
Était un sabbat. 10 Les Juifs dirent à l'homme guéri :
« Tu n'as pas droit au sabbat de porter ton lit ».
11 Il leur répondit : « C'est celui qui m'a guéri
Qui m'a dit : 'Lève-toi, marche et emporte ton lit' ».
12 Ils lui demandèrent : « Qui est donc ce personnage
Qui t'a dit 'porte ton lit et marche' » ? Pleins de rage.
13 Quant à l'homme qui était guéri, il ne savait
Pas qui il était car Jésus ne se trouvait
Plus à cet endroit à cause de la foule. 14 Après
Cela, Jésus le retrouva au temple. Prêt
À guérir son âme comme il a guéri son corps,
Il lui dit : « Ne pèche plus, sinon tu peux encore
Connaître une rechute pire ». 15 L'homme alla reporter
Aux Juifs que celui qui avait précipité
Sa guérison, c'était Jésus. 16 Pour cette raison,
Les Juifs craignaient Jésus, voulaient sa pendaison ;

Car il avait fait cela durant le sabbat.
[17] Jésus leur répondit : « Jusqu'à présent, voilà
Que mon Père est à l'œuvre ; et moi également
Je Suis à l'œuvre ». [18] Les Juifs trouvèrent ce jugement
Être une cause de plus pour le tuer ; non seulement
Il violait le sabbat, mais autoritairement
Disait que Dieu est son Père, se faisant égal
À Dieu. [19] Jésus entama une question vitale,
Pour leur répondre, il leur dit : « En vérité,
En vérité, je vous le dis, l'autorité
Du Fils relève de celle du Père, à la limite,
Le Fils ne peut rien faire de Lui-même ; Il imite
L'œuvre qu'Il voit le Père accomplir. Quel que soit
Ce que fait le Père, le Fils le fait de surcroît.
[20] Quant au Père, Il aime le Fils et Lui manifeste
Tout ce qu'Il fait. De plus grandes œuvres, il lui reste
Encore à Lui montrer, pour que votre étonnement
À vous parvienne à son comble. [21] Similairement,
Le Père fait ressusciter les morts en faisant
Vivre, ainsi le Fils donne à ses partisans
La Vie comme Il veut, et seulement à qui Il veut.
[22] Car le Père ne condamne personne ; selon son vœu,
Il a donné le jugement dernier au Fils. [23] Pour
Que tous honorent le Fils avec le même amour
Qui honore le Père. Quiconque n'honore pas le Fils,
N'honore pas non plus le Père ; coupable du vice
D'incroyance, car c'est bien du Père qu'est messager
Le Fils ; le Père l'ayant envoyé propager
Parmi les hommes sa gloire. [24] Voilà ; en vérité,
En vérité, je vous le dis ; pour écouter
Mes paroles, croire en Celui qui M'a envoyé ;
Vous ne serez pas condamnés au jour dernier,
Vous aurez la vie éternelle ; étant passés
De la mort à la vie. [25] Une heure viendra, c'est
Maintenant déjà, où tous les morts entendront
La voix du Fils de Dieu et ceux qui l'entendront
Vivront. [26] Car ainsi que le Père a en Lui-même
La Vie, Il a donné au Fils d'avoir de même
En Lui-même la Vie. [27] Il Lui donne l'autorité
De juger s'étant fait Fils de l'humanité.
[28] Ne vous étonnez pas de cela, car l'heure vient
Où tous ceux qui sont dans les tombeaux devront bien
Entendre sa voix. [29] Ceux qui auront fait de bonnes
Actions, en sortiront pour la Vie que nous donne
La Résurrection. Ceux qui auront fait le mal
Pour la condamnation sans retour et brutale
De la résurrection. [30] Moi, Je ne peux rien faire
De moi-même, selon ce que J'entends, Je profère
Le jugement et il est juste Mon jugement,
Car Je ne juge pas en cherchant Ma volonté,
Mais celle du Père qui M'a envoyé. [31] Si J'étais

En train de témoigner pour Moi-même, n'acceptez
Pas Mon témoignage, puisque de la vérité,
Vous n'êtes pas sûrs et certains. 32 Un autre pourtant
Témoigne pour Moi ; Son témoignage est d'autant
Plus valable car Je sais qu'Il est véridique
En témoignant en Ma faveur. 33 Puis, la réplique
De Jean, auprès duquel vous avez envoyé
Vous enquérir, à la vérité témoignait.
34 Moi Je ne reçois pas d'un homme un témoignage.
Mais Je dis ça pour vous sauver en tous les âges.
35 Il était le cierge allumé, illuminant
Vous avez voulu vous réjouir pour un moment
À sa lumière. 36 Quant à Moi, J'ai un témoignage
Plus grand que celui de Jean ; car ce qu'elles dégagent,
Les œuvres que le Père M'a données d'accomplir ;
Ces œuvres mêmes que Moi Je ne cesse de produire,
C'est le témoignage qu'elles rendent qui M'est octroyé,
Que c'est bien le Père Lui-même qui M'a envoyé.
37 Ensuite le Père aussi, Lui qui m'a envoyé,
C'est en ma faveur qu'Il ne cesse de témoigner.
38 Vous n'avez jamais entendu sa voix ni vu
Son apparence. Vous n'avez pas, fixée, non plus,
Sa Parole en vous. Pour cette cause vous ne croyez
Point à celui qu'Il a à présent envoyé.
39 Cherchez les Écritures car vous pensez trouver
En elles la vie éternelle qui va vous sauver.
Ce sont elles qui témoignent toutes à Mon sujet.
40 Vous ne voulez me témoigner que du rejet ;
Ne venant pas à Moi pour obtenir la vie.
41 Ce n'est pas la gloire des humains qui M'a servi ;
Je n'en reçois pas de leur part. 42 Pour vous instruire,
Je vous ai fait savoir afin de vous prévenir
Que vous n'avez pas en vous-mêmes l'Amour de Dieu.
43 Je suis venu au Nom de Mon Père ; sous vos yeux,
Vous ne M'acceptez point. Mais si un autre vient
En son propre nom, vous le recevrez très bien.
44 Comment pourriez-vous jamais avoir la foi, croire,
Quand des uns des autres vous recevez la gloire ?
Quant à la gloire qui provient du seul, unique Dieu,
Vous ne la demandez pas ni en êtes soucieux.
45 Ne pensez jamais que Je veuille vous accuser ;
Il se trouve déjà Moïse pour vous récuser
Auprès du Père, qui est justement votre espoir.
46 Si vous croyiez Moïse, vous Me rendriez gloire,
Vous Me croiriez, car c'est de Moi qu'il écrivit.
47 Comment recevriez-vous les paroles de Vie ?
Si vous ne croyez pas de Moïse les écrits,
Croiriez-vous jamais les paroles que Je vous dis » ?

De Nous à Vous, Comment être Absous et Sa Lumière en Nous

Première Épître de Saint Jean 1Jean 1 : 1 – 10

1 Celui qui est au-delà du commencement,
Celui que nous avons entendu calmement,
Celui que nous avons vu de nos propres yeux,
Celui que nous avons regardé, que nos deux
Mains touchèrent ; du côté du Logos de la vie.
2 C'est qu'en effet, elle s'est manifestée la vie
Comme nous avons déjà vu, nous en témoignons ;
C'est la vie éternelle que nous vous annonçons ;
Qui était chez le Père et fut manifestée
À nous. 3 Ce que nous avons vu et écouté ;
Nous vous en communiquons la bonne nouvelle
Pour que vous ayez une association réelle
Avec nous. Quant à notre association voici,
Qu'elle est avec le Père et son Fils Jésus Christ.
4 Nous vous écrivons ceci pour que votre joie
Soit complète. 5 Voici la nouvelle que dans la foi
Nous avons entendue de lui, c'est la première
Que nous vous annonçons ; voilà, Dieu est lumière ;
Il n'y a absolument pas d'obscurité
En lui. 6 Si nous disions que par communauté
Nous sommes associés à lui et que nous marchions
Dans l'obscurité, nous mentirions ; ne ferions
Pas la vérité. 7 Mais si nous nous conduisions
En pleine lumière, de même qu'il est lui-même rayon
Et lumière, nous aurions alors une communion
Les uns avec les autres. À cette condition
Le sang de son Fils Jésus Christ nous purifie
De tout péché. 8 Si l'on disait que l'on ne fit
Pas de péché, nous nous égarerions nous-mêmes,
La vérité ne serait pas en nous. 9 Quand même
Nous confesserions nos péchés, l'honnêteté
Et la justice qui sont siennes, nous mettent en sûreté
Pour qu'Il nous pardonne nos péchés, nous purifie
De toute iniquité. 10 Si l'esprit de défi
Nous fait dire : « nous n'avons pas péché », on le rend
Menteur et sa parole n'est pas en nous vraiment.

Vérité et Justice, Mensonge des Anti-Christs et Confiance : Jésus est le Christ.

Première Épître de Saint Jean 1Jean 2 : 1 – 29

[1] Mes enfants, je vous écris cela pour ne pas
Que vous péchiez. Que quelqu'un en vienne pourtant à
Pécher, sachez que nous avons l'intercédeur
Chez le Père [2] qui est pour nos péchés rédempteur :
Jésus Christ le juste. Non pour nos seuls péchés
Mais également pour ceux du monde entier. [3] Sachez
Reconnaître le signe de sa connaissance :
Si nous gardons ses commandements. [4] L'éloquence
De celui qui dit l'avoir connu aura beau
Séduire, s'il ne garde pas ses préceptes, son faux
Discours le prouvera menteur ; la vérité
N'est point en lui. [5] Mais celui qui aura gardé
Sa parole, en celui-ci véritablement
L'amour de Dieu s'est complété parfaitement.
Par ceci nous savons que nous sommes en lui :
[6] Quiconque prétendrait dire qu'il demeure en lui,
Il faudrait que de même que lui s'était conduit,
Celui-ci se conduise pareillement. [7] Je n'écris,
Mes frères, à votre adresse, aucun commandement
Nouveau, mais celui que dès le commencement,
Qui est déjà ancien, vous avez. Cet ancien
Commandement, c'est la parole qui toujours tient
Lieu de ce que vous avez entendu depuis
Le commencement. [8] Cependant je vous écris
Aussi un nouveau commandement : qui est vrai
En lui et en vous, c'est que tout l'enténébré
Passé est révolu, qu'à présent la lumière
Véritable va illuminer l'univers.
[9] Celui qui aura dit qu'il est dans la lumière
Tandis qu'il en est encore à haïr son frère,
Il est à présent toujours dans l'obscurité.
[10] Celui qui aime son frère demeure en vérité
Dans la lumière, et il n'y a jamais en lui
De cause de chute. [11] Mais celui qui aura haï
Son frère, celui-là est dans l'obscurité noire
C'est dans les ténèbres qu'il marche, sans savoir
Où, car l'obscurité a aveuglé ses yeux.
[12] Je vous écris, à vous les fils, car les nombreux
Péchés vous ont été pardonnés pour seule fin
De son nom. [13] Je vous écris, à vous les pères saints,

Car vous avez connu celui qui est depuis
Le commencement. Aux adolescents, j'écris :
Vous avez vaincu le méchant. À vous les fils,
J'écris : car vous avez connu tous les délices
Du Père. [14] Je vous avais écrit à vous les pères,
Car vous avez connu celui qui est dès l'ère
Première. Je vous ai écrit, les adolescents,
Car vous êtes forts et la parole du Dieu puissant
Demeure en vous. Aussi avez-vous su vaincre
Le méchant. [15] N'aimez pas le monde, le convaincre,
Ni chérir les choses qu'il contient, ni l'adorer,
Ne vous avancerait dans l'amour du Père ; et
Si quelqu'un aimait le monde, l'amour du Père
Ne serait pas en lui. [16] Car tout ce qui est fier
Dans le monde ; le désir de la chair, des yeux,
Et la grandeur du mode de vie luxueux,
N'est pas du Père mais du monde. [17] Or le monde
Passe avec sa convoitise ; mais qui se fonde
Sur la volonté de Dieu pour la faire, celui-
Ci demeure fermement vers l'éternité. [18] Puis,
Les enfants, c'est la dernière heure. Comme vous avez
Appris l'avènement de l'anti-Christ, vous savez
Que beaucoup d'anti-Christs sont devenus présents.
D'ici-là nous connaissons que c'est à présent
La dernière heure. [19] De parmi nous ils sont sortis,
Mais ils n'étaient pas des nôtres, car les anti-
Christs seraient demeurés chrétiens et des nôtres
Mais ils ne sont pas du nombre des apôtres,
Car s'ils avaient été des nôtres, ils seraient
Restés avec nous. Mais pour que soit avéré
Qu'ils ne sont pas tous des nôtres. [20] Et quant à vous,
Vous avez l'onction du Saint et vous savez tout.
[21] Je ne vous ai pas écrit car vous ne savez
Pas la vérité. Plutôt car vous la savez,
Et que tout mensonge ne procède pas du droit.
[22] Qui est le menteur sauf celui qui nie que soit
Le Christ Jésus.2 C'est lui l'anti-Christ qui renie
Le Père et le Fils. [23] Tout ce qui le Fils renie,
N'a pas le Père non plus. Et tout ce qui confesse
Le Fils, a le Père. [24] Quant à vous, que donc s'empresse
De demeurer en vous ce que vous entendîtes
Depuis le début. Si ce que vous entendîtes
Dès le commencement demeurait en vous, vous,
Demeureriez aussi bien dans le Fils et vous
Demeureriez dans le Père. [25] Car telle a été
La promesse que lui-même nous fit dans sa bonté :
La vie éternelle. [26] Je vous ai écrit ces choses
À propos de ceux qui vous égarent et qui osent
Mentir à Dieu. [27] Quant à vous, voici que l'onction

2 Celui qui nie que soit le Christ Jésus, signifie, celui qui nie que Jésus soit le Christ ou le Messie.

Que vous avez prise de lui demeure en action
En vous ; vous n'avez aucun besoin que personne
Ne vous enseigne. Mais comme cette onction si bonne
Vous apprend tout, sachant qu'elle est véritable,
Comme elle vous l'a appris, vous demeurez stables
En lui. 28 À présent, les enfants, enracinez-
Vous en lui, afin qu'en ce moment s'il venait
À être manifesté, nous ayons confiance,
Et n'ayons pas honte de lui en sa présence
Lors de sa venue. 29 Puisque vous savez que lui
Est juste, donc sachez aussi bien que celui
Qui fait la justice est né de lui.

Les Enfants de Dieu, la Loi des Cieux et la Haine au Feu

Première Épître de Saint Jean 1 Jean 3 : 1 – 24

1 Regardez quel genre d'amour le Père nous donne !
Pour que nous soyons appelés Enfants de Dieu ;
En vue de cela le monde nous abandonne,
Nous méconnaissant comme il a méconnu Dieu

2 Oh ! Mes bien-aimés, en ce moment nous sommes
De Dieu les enfants, ne sachant pas en somme

Dans l'avenir prochain, ce que nous deviendrons.
Nous savons cependant qu'à Son apparition
À Son image et Sa ressemblance nous serons,
Car nous le verrons dans sa manifestation

Tel qu'il est. 3 Chacun ayant l'espérance sûre
En Lui, se purifie, comme il est Lui-même, pur.

4 Tout un chacun qui commet délibérément
Le péché, commet également l'adversité.
Car le péché n'est rien d'autre essentiellement,
Que la haine personnelle, formant l'iniquité.

5 Or vous savez déjà que Jésus est venu
Pour enlever nos péchés sans en avoir eu.

6 Tout un chacun qui en Lui fermement demeure,
Ne commet point de péchés. Cependant celui
Qui en commet volontiers et avec ferveur,
Ne l'a jamais vu et n'a rien connu de Lui.

7 Petits enfants que nul ne puisse vous égarer ;
Qui commet la justice est, comme Lui, déclaré

Précisément Juste, Droit et Véritable.
8 Mais quiconque commet le péché ne provient
Que du démon qui est Satan, l'ancien diable
Car dès le début il se trompe et trompe les siens.

Le Fils de Dieu s'est manifesté pour détruire
Ce que fait le Méchant aux humains pour leur nuire.

9 Chaque personne qui est née de Dieu ne fait jamais

De péché. Car le grain de Dieu demeure en elle.
Elle ne peut en faire car le grain en elle semé
Y demeure, puisqu'elle est née de Dieu, dans le Ciel.

10 C'est ainsi que se manifeste la distinction
Entre enfants de Dieu et ceux de malédiction.

Celui qui ne commet pas la justice n'est pas
De Dieu. De même celui qui n'aime pas son frère.
11 Car la voilà, la nouvelle entendue déjà,
Depuis le début : que nous nous aimions sur terre

Les uns les autres. 12 Non pas comme Caïn étant
Du méchant tua son frère et pourquoi pourtant ?

Car ses œuvres étaient mauvaises, abominables ;
Tandis que celles de son frère étaient justes et bonnes.
13 Ne vous étonnez pas de l'inévitable ;
Si le monde vous hait, si du chagrin il vous donne.

N'en soyez donc pas surpris mes frères, de sa haine ;
Attendez-vous-y, n'en concevez aucune peine !

14 Nous savons en effet que nous avons été
Transférés de la mort à la vie, par l'amour ;
Car nous aimons les frères, avec sincérité.
Qui n'aime pas son frère demeure dans la mort toujours.

15 Tous ceux qui haïssent leurs frères sont des assassins
Or vous savez qu'aucun assassin, tout malsain

Qu'il soit, ne peut contenir en lui la vraie vie.
Il ne peut jamais avoir de vie éternelle !
16 Par cela nous avons connu l'amour qui vit ;
Que Lui s'est déposé pour nous, sans solennelle

Et digne pompe, pour nous, pour notre salut !
Donc nous aussi devons de même, on en conclut,

Nous déposer, sacrifier nos âmes pour les frères !
17 Quant à celui qui est entraîné par le monde
Qui en a adopté d'y vivre les manières,
S'il voit son frère dans le besoin le plus immonde,

Et qu'il se ferme à lui, comment l'amour de Dieu
Pourrait demeurer en lui ? 18 Voilà qui est mieux :

Mes petits enfants, n'aimons pas tout simplement
En paroles ni en langues, puisque le langage
Ne suffit pas. Surtout s'il cause du détriment,
En empêchant les actions charitables et sages !

Aimons-nous donc les uns les autres, en action,
En vérité, au-delà des bénédictions.

19 Par cette vérité nous savons que nous en sommes ;
Nous y appartenons, à la chère vérité !
Ainsi nous faisons taire devant Lui nos cœurs d'hommes !
20 Car si nos cœurs nous blâment, par culpabilité,

Dieu est plus grand que nos cœurs et il connaît tout.
21 Bien-aimés, si nos cœurs ne nous blâment pas du tout,

Alors nous établissons une plus grande confiance
Envers et à l'égard de Dieu. 22 Et quel que soit
Ce qu'on demande, on l'obtient en grande abondance
De Lui, car nous gardons et observons ses lois,

Et nous accomplissons les œuvres qui lui sont
Agréables, devant Lui, pour toutes les moissons.

23 Voilà sa Loi, son commandement, c'est qu'on croit
Au Nom de son Fils Jésus-Christ et que l'on s'aime
Les uns les autres conformément à sa Loi !
24 Celui qui garde ses commandements en lui-même,

Demeure en Lui et vice-versa. L'on reconnaît
Sa demeure en nous par l'Esprit qu'Il a donné.

Les Limites de la Crédulité, l'Amour dans la Divinité et le Témoignage de la Trinité

Première Épître de Saint Jean 1Jean 4 : 1 – 21 ; 1Jean 5 : 1 – 21

1 Jean 4 : 1 Chers amis, n'allez pas croire ni ajouter foi
À chaque esprit, mais examinez lequel doit
Provenir de Dieu. Soumettez donc à l'examen
Tous les esprits, pour reconnaître à quel chemin
Ils appartiennent. Car si un esprit est de Dieu,
Vous ne le distinguerez pas avec vos yeux.
Je vous mets en garde car vous devez vous méfier
Des prophètes menteurs qui se sont multipliés
Dans le monde et qui l'ont envahi. 2 Le signe
Qui rend témoignage sincère à la Vraie Vigne
Est la marque par laquelle vous pouvez connaître
L'Esprit de Dieu. Tout Esprit qui confesse l'Être
De Jésus-Christ dans un corps de chair et de sang
Venu dans le monde, est de Dieu ressortissant.
3 Tout esprit qui refuse d'avouer que Jésus
Christ est venu dans le corps, n'est pas de Dieu, fut-
Il le plus habile des menteurs. C'est lui l'esprit
De l'anti-Christ dont vous avez déjà appris
Qu'il viendra ; cependant, il est en ce moment
Même dans le monde. 4 Vous êtes de Dieu, vous, les enfants ;
Et vous les avez vaincus. Car est supérieur,
Ce qui est en vous, à ce qui est dans l'erreur
À l'œuvre dans le monde. 5 Eux ils sont du monde,
À cause de cela, c'est à partir du monde
Qu'ils parlent. Et le monde les écoute volontiers.
6 Nous sommes de Dieu, c'est celui qui a l'amitié
Pour Dieu et qui le reconnaît qui nous écoute.
Celui qui n'est pas de Dieu, guère ne nous écoute.
C'est à partir de ce point que nous distinguons
L'esprit de vérité et de la perdition.
7 Chers amis, aimons-nous les uns les autres, car
L'amour est de Dieu, et tout ce qui aime, c'est par
Dieu qu'il est né et il connaît Dieu. 8 Qui n'aime pas,
N'a pas connu Dieu car Dieu est amour. 9 Cela
A manifesté l'amour de Dieu en nous : si
Dieu a envoyé son Seul Fils au monde, ceci
Est pour que nous puissions vivre par lui. 10 C'est dans
Ce concept qu'est l'amour, non pas que nous-mêmes dans
Nos cœurs ayons aimé Dieu, mais c'est bien plutôt
Lui qui nous a aimés ; et afin que tous nos

Péchés soient pardonnés, donc, il a envoyé
Son Fils en rédempteur pour nous les expier.
11 Chers amis, si Dieu nous a ainsi tant aimés,
Nous devons nous-mêmes tout aussi bien nous aimer
Les uns les autres. 12 Dieu, personne ne l'a jamais
Regardé. Si nous nous mettions à nous aimer
Les uns les autres, Dieu demeurerait en nous
Et voire son amour se complèterait en nous.
13 Par ceci nous connaissons que nous demeurons
En lui et lui en nous : c'est que lui-même de son
Esprit nous a donné. 14 Et nous en témoignons
Pour l'avoir visuellement observé, ce dont
Le Père pourvut le monde pour qu'il ait le salut
C'est qu'il lui envoya son Fils Sauveur Jésus.
15 Celui qui confesse que Jésus est Fils de Dieu
Celui-là Dieu demeure en lui et lui en Dieu.
16 Nous avons connu l'amour et y avons cru,
Cet amour en nous à Dieu a appartenu.
Dieu est amour. Celui qui demeure dans l'amour,
Demeure en Dieu et Dieu en lui. 17 Ainsi l'amour
S'est complété en nous : que nous fassions confiance
Au jour du jugement dernier, car telle sa présence
Dans ce monde, telle la nôtre aussi. 18 Point de peur
Dans l'amour. Mais l'amour parfait vers l'extérieur
Rejette la peur. Car la peur inclut la souffrance,
Quant à celui qui craint, il n'a pas l'adhérence
Totale dans l'amour. 19 Nous l'aimons car en premier
Lui-même nous a aimés. 20 Si quelqu'un s'essayait
À dire qu'il aime Dieu tandis qu'il aurait haï
Son frère, ce serait un menteur. Puisque celui
Qui n'aime pas son frère qu'il a vu, comment pourrait-
Il aimer Dieu qu'il n'a pas vu ? 21 Donc honorez
Ce commandement que nous avons bien reçu
De lui : que celui qui aimât Dieu par-dessus

Tout, aime aussi son frère. 1Jean 5 : 1 Absolument chacun
Qui croit que Jésus est le Christ, c'est qu'il est bien
Né de Dieu. Celui qui aime le progéniteur
Aime celui dont il a été reproducteur
Également. 2 Par ceci l'on reconnaît qu'on aime
Les enfants de Dieu, si l'on aime Dieu et de même
Si l'on garde ses commandements. 3 Puisque ça
C'est l'amour de Dieu : c'est seulement que l'on gardât
Ses commandements. Et ceux-ci ne sont pas lourds.
4 Car chacun qui est né de Dieu vainc à son tour
Le monde. Et voici ce qu'elle est cette victoire
Qui vainc le monde : notre foi. 5 Qui va pouvoir
Vaincre le monde sauf celui qui croit que Jésus
Est le Fils de Dieu ? 6 C'est lui-même qui est venu
Avec l'eau et le sang : Jésus Christ. Non par l'eau
Seule, mais par l'eau et le sang. L'Esprit est le sceau

Qui témoigne, car l'Esprit est la vérité.
[7] Ceux qui témoignent dans le ciel, la trinité,
Sont trois : le Père, la Parole et le Saint Esprit ;
Et ces trois sont un. [8] Et ceux qui témoignent tri-
nitairement sur terre sont trois : l'Esprit, l'Eau, le Sang,
Et ces trois sont dans l'Un. [9] Puisqu'on accepte sans
Argumentation le témoignage des gens,
Le témoignage de Dieu vaut mieux que les gens,
C'est par ce témoignage que Dieu témoigna
À propos de son Fils. [10] Or celui qui y croit,
Au Fils de Dieu, a, à l'intérieur de son âme,
Le témoignage. Qui ne croit pas Dieu le diffame
Comme menteur. Car il n'a pas cru le témoignage
Dont Dieu témoigna pour son Fils. [11] Ce témoignage
Le voici : c'est que Dieu nous a donné la vie
Éternelle, et que c'est en son Fils qu'est cette vie.
[12] Qui a le Fils, a la vie ; qui n'a pas le Fils,
N'a pas la vie. [13] À vous, croyants au nom du Fils
De Dieu, j'ai écrit cela ; pour que vous sachiez
Que vous avez une vie éternelle et croyiez
Au nom du Fils de Dieu. [14] Et telle est la confiance
Que nous avons chez lui, que si en convenance
Avec sa volonté nous demandons une chose
Il nous écoute. [15] Puisque quel que soit ce qu'on ose
Demander, on sait qu'il nous écoute ; on connaît
Que ce qu'on lui a demandé nous est donné.
[16] Si quelqu'un voyait son frère pécher d'un péché
Qui n'est pas pour la mort, que sans se relâcher
Il demande, alors il lui donnera la vie
Pour ceux qui pèchent non pas pour la mort. Il sévit
Un péché pour la mort. Ce n'est pas à propos
De celui-ci que je recommande qu'il faut
Demander. [17] Toute iniquité est un péché.
Il existe un péché qui n'est pas attaché
À la mort. [18] Nous savons que chacun qui naquit
De Dieu ne pèche pas. Bien plutôt, c'est celui qui
Est né de Dieu qui garde son âme et le méchant
Ne le touche pas. [19] Nous savons que dans le méchant
Le monde entier a été déposé ; mais nous
Sommes de Dieu. [20] Nous savons que le Fils de Dieu nous
A donné une vision et qu'il est jusqu'à nous
Venu pour que nous sachions la vérité. Nous
Sommes dans la Vérité dans son Fils Jésus Christ.
C'est celui-ci le Dieu véritable et la vie
Éternelle.
[21] Les enfants, gardez vos âmes des idoles,
Amen.

Kyriée la Mère, Instructions Prospères et le Parfait Salaire

Deuxième Épître de Saint Jean 2 Jean 1 – 13

1 L'ancien, à Kyriée, celle qui est la chère élue,
Et à ses enfants que moi j'aime en un surplus
De vérité. Non pas moi seulement, mais aussi
Tous ceux qui ont connu la vérité. 2 Ceci
Est par souci de la vérité qui demeure
En nous, et qui sera avec nous à toute heure
Jusqu'à l'éternité. 3 Que soient avec vous grâce,
Miséricorde et paix de la part de la race
Divine de Dieu le Père et du Seigneur Jésus
Christ, le Fils du Père en vérité absolue
Et en amour. 4 Si je me suis beaucoup réjoui,
C'est parce que j'ai trouvé de tes enfants, oui,
Certains qui se conduisent selon la vérité
Ainsi que nous y avons été invités
En en recevant le commandement du Père.
5 Maintenant Kyriée, ce n'est pas à la manière
D'un commandement tout nouveau que je t'écris,
Mais plutôt celui que déjà nous avions pris
Depuis le début, que nous nous aimions les uns
Les autres. 6 Ceci est l'amour et l'opportun
Concept qui le définit : que l'on se conduise
Conformément à ses commandements. En guise
De commandement, vous avez ce dont depuis
Le début vous en entendez parler et puis
Comment vous devez vous y conformer. 7 Beaucoup
De professeurs menteurs et toutes sortes de loups,
De chefs d'égarement sont entrés dans le monde.
Ils refusent de confesser, dans leur immonde
Perdition, Jésus Christ incarné dans le corps.
Cela est l'égareur et l'anti-Christ. 8 Or
Vous devez vous méfier pour que nous ne perdions
Pas ce que nous fîmes, plutôt que nous possédions
Une récompense parfaite. 9 Ceux qui désobéissent,
Ne demeurant pas dans l'enseignement du Christ,
Ceux-ci n'ont pas Dieu. Mais ceux qui y obéissent,
Y demeurant, ceux-là ont le Père et le Fils
Tout ensemble. 10 Si quelqu'un arrivait chez vous,
En déniant cet enseignement, méfiez-vous
De lui. Ne lui souhaitez pas la bienvenue,
Voire ne l'admettez pas dans la maison non plus,

Ne lui dites même pas « salut ». [11] Car, qui le salue,
Prend part à ses méchantes œuvres. [12] J'aurais eu
Beaucoup à vous écrire, mais je n'ai pas voulu
Le faire avec de l'encre et du papier ; mon but
Est de me rendre chez vous, de m'entretenir
Bouche à oreille pour voir notre joie s'accomplir.
[13] Te saluent les enfants de ta sœur élue, Amen.

Un Avertissement, un Démantèlement et un Dévot qui Ment

Troisième Épître de Saint Jean 3 Jean 1 – 15

1 De l'Ancien, à mon bien cher compagnon Gaïus,
Cet ami que moi, en vérité, j'aime le plus.

2 À toi le bien-aimé, j'espère qu'en toute chose
Tu réussisses, t'assainisses ; que ton âme ose

Elle aussi réussir. 3 Car je me suis réjoui
De ce double succès d'après ce que j'ai ouï

Du témoignage de quelques frères qui sont venus.
La vérité demeure en toi, tu l'as tenue

Bien fermement et sérieusement dans ta conduite.
4 Il n'y a aucune plus grande joie à mon mérite,

Que d'entendre dire à propos de mes enfants,
Qu'ils progressent dans la vérité ; en s'en coiffant.

5 Tu sais aimer, tu fais avec honnêteté
Tout ce que tu fais ; dans la pure fraternité,

Pour les frères et les étrangers ; 6 qui témoignèrent
De ton grand amour devant l'Église toute entière.

Ceux-là, tu fais bien de pourvoir à leur mission
D'une manière digne de Dieu : 7 leur motivation

Est pour son Nom. Ils se sont soumis, mis en route,
Sans rien prendre des païens. 8 Quoique le prix coûte,

Payons-le-leur pour leurs dépenses. Nous nous devons
D'accueillir des gens de cette espèce, qui s'en vont

Toujours œuvrer pour la cause de la vérité ;
Afin d'être nous-mêmes, avec leurs peines, comptés.

9 J'ai écrit à l'Église, mais personne ne l'a su.
Car Diotréphès, lui, ne nous a pas reçu.

Il aime être partout le premier. 10 Je dénonce
Ce qu'il fait. Quand je viens, en face, je lui annonce

Que les médisances qu'il profère à mon propos,
Devraient m'être adressées, face à face ; non de dos.

Non seulement ne nous accueille-t-il pas, mais encore,
Ceux qui nous recevraient, il les chasse au-dehors

De l'Église. [11] Toi mon cher ami, n'imite en rien
Le mal, limite-toi à imiter le bien.

Puisque celui qui fait de bonnes œuvres est de Dieu.
Qui fait les méchantes, ne l'a pas vu de ses yeux.

[12] Par contre, de Démétrius, on est témoin
Nous-mêmes, tous d'ailleurs, et la vérité s'y joint.

Ce témoignage, vous le savez, est véridique.
Il est désormais prophétie parabolique.

[13] J'aurais davantage à t'écrire, mais je réclame
La joie de ne plus utiliser le calame

Et l'encre.[14] J'espère que nous nous verrons bientôt,
Que nous nous parlerons de vive voix aussitôt.

[15] Je te salue bien. Que la paix soit avec toi.
Les vrais amis te saluent, se joignent à moi.

Toi aussi salue les grands amis, de ma part.
Salue-les-moi chacun avec son nom. Au revoir.

Prélude au Second Avènement

Seigneur Jésus, quand tu reviendras, tu diras
À ceux à ta droite : « venez, princes héritiers,
Vous qui avez produit les fruits de l'amitié,
De mon règne et de mon alliance ». Puis tu diras

À ceux à ta gauche : « éloignez-vous de moi,
Vous hypocrites, causeurs de chutes et de scandales,
Assassins d'enfants, vous avez aimé le mal,
Vous en avez fait votre idole et votre roi ».

Déclarations, Félicitations et Condamnations

Évangile de Saint Mathieu 25 : 31 – 46

31 Quand le Fils de l'homme sera venu dans sa gloire
Et tous les anges saints avec lui, pour siéger ;
À ce moment-là il va pour de bon s'asseoir
Sur son trône de gloire ; 32 réunissant en rangées

Toutes les populations en face de lui. Alors,
Il les distinguera les unes des autres, comme
Un berger distingue les brebis qui l'adorent
Des chèvres écervelées. 33 Il dresse en colonnes

Les brebis à sa droite, les chèvres à gauche.
34 Le Grand Roi dira ensuite à ceux à sa droite :
« Venez, vous les bénis de mon Père, vous, mes proches ;
Héritez du règne édifié pour vous sans hâte

Depuis la fondation du monde. 35 Car j'ai eu faim,
Or vous m'avez nourri. J'ai eu soif, vous m'avez
Désaltéré. Je fus l'étranger séraphin,
Vous m'avez logé et mes pieds avez lavés.

36 J'étais presque nu or vous m'avez habillé.
Quand je fus malade, vous m'avez rendu visite.
Même lorsque j'ai été sans nulle cause prisonnier,
Vous êtes venus à moi ». 37 Les hommes justes qu'il acquitte

Ainsi répondront : « Seigneur, quand est-ce que cela
S'est produit ? Quand donc t'avons-nous vu affamé,
Pour te donner à manger ? Quand de cette soif-là
L'on te voit tellement souffrir et l'on se permet

De t'abreuver ? 38 Quand t'avons-nous vu étranger
Pour t'avoir logé chez nous ? Ou encore tout nu
Pour t'habiller ? 39 Quand t'avons-nous vu en danger
De maladie ou de prison et sommes venus

À toi » ? 40 Le Roi leur répondra : « En vérité,
Je vous dis, étant donné que vous l'avez fait
À l'un de mes frères ces plus petits enfantés
De la foi en moi, à moi-même vous l'avez fait ».

41 Il dira ensuite à ceux de gauche : « Éloignez-

Vous de moi, allez-vous-en au feu éternel,
Maudits, qui a été préparé pour gagner
Le diable avec ses anges malsains et charnels.

42 Car j'ai eu faim, or vous ne m'avez pas nourri ;
J'ai eu soif, or vous ne m'avez pas abreuvé ;
43 J'ai été un étranger, or vous avez ri
De me voir sans abri, pourtant vous ne m'avez

Pas offert l'hospitalité. J'ai été nu,
Vous ne m'avez pas vêtu. J'ai été malade
Et enchaîné, vous ne m'avez pas secouru
En me rendant la moindre visite ». 44 Aux dyades

Ainsi énumérées, ils répondront : « Mais quand
Seigneur t'avons-nous jamais vu avoir besoin
De nourriture, d'eau, d'apprivoisement, de vêtements,
De visites, sans te servir, te tendre nos mains » ?

45 Il leur répondra en disant : « En vérité,
Je vous dis, étant donné que vous ne l'avez
Pas fait à l'un de ces petits qui méritaient,
Vous ne m'avez jamais, à moi non plus, sauvé ».

46 Ces derniers passeront à l'éternelle souffrance,
Et les justes passeront à la vie éternelle.
Mt 26 : 1 Quand Jésus eut parlé de toutes ces circonstances,
À ses disciples, il parla d'une chose nouvelle.

Une Guérison, Une Maison et Une Leçon

Évangile de Saint Mathieu 12 : 22 – 30

Une guérison

22 À ce moment-là on lui apporta un fou
Aveugle et muet. Il fut guéri sur le coup.
23 Les foules s'étonnèrent tant, qu'elles en restèrent livides :
« Mais celui-ci serait-il le fils de David » ?
24 Quant aux pharisiens, quand ils en prirent connaissance,
Ils se dirent : « Il chasse les démons par la puissance
De Béelzéboul le chef de tous les démons ».

Une maison

25 Jésus connut leurs pensées et dit : « chaque maison
Divisée contre elle-même, chaque royaume et chaque ville
Divisés contre eux-mêmes ne seront qu'inutiles
Et n'auront pas de demeure fixe ni permanente.
26 Si le démon s'est divisé, contre l'attente,
Sur lui-même, comment durerait donc son royaume ?
27 Et si moi je les fais sortir par l'autonome
Béelzéboul ; vos fils, par qui les font-ils sortir ?
Pour cette raison, ils sont vos juges pour vous le dire.

Une leçon

28 Autrement, si c'est par l'Esprit de Dieu que moi
Je les fais sortir, donc le royaume du Grand Roi
S'est manifesté à vous. 29 Comment pourrait-on
Entrer dans la maison de l'homme fort ? Lui vole-t-on
Ses biens si on ne l'a tout d'abord ligoté ?
Le voleur lui laissera-t-il sa liberté ?
Il faut d'abord ligoter l'homme fort, en premier,
Ensuite on le dépouille après l'avoir lié.
30 Qui n'est pas avec moi, contre Moi se renverse.
Quiconque ne rassemble pas avec Moi disperse.

L'Unité, l'Équité et la Bonté

Épître de saint Paul aux Éphésiens 4 : 1 – 6

1 Je m'applique donc à vous demander, moi qui suis
En otage à cause du Seigneur, qu'on se conduise

En conformité de droit à l'invitation
À laquelle on fut appelé. 2 Faites prestation

De tout en toute humilité, dans la douceur ;
Persévérez dans l'endurance, dont la longueur

De la patience est l'essentiel. Supportez-vous
Les uns les autres, par ce qui jamais n'échoue :

L'amour ; 3 vous contraignant à préserver l'union
De l'Esprit par l'intermédiaire du lien si bon

De la paix. 4 Un corps unique, un Esprit unique,
De même que vous avez été, par l'appel stratégique,

Invité pour un espoir unique. 5 Un Seigneur
Unique, une foi unique, un baptême de baigneur

Unique, 6 un Dieu unique, un seul et unique Père
Pour tous ; qui est au-dessus, par l'intermédiaire,

Et dans vous tous.

La Bienveillance, l'Ignorance et la Confiance

Évangile de Saint Mathieu 24 : 42 – 47

[42] Veillez donc car vous ne savez pas à quelle heure
Vient votre Seigneur. [43] En effet, si le voleur

Dévoilait au maître de maison sa visite
Nocturne, celui-ci s'appliquerait bien vite

À veiller pour protéger sa maison du vol.
[44] Soyez prêts vous aussi à assumer ce rôle

De veilleurs. Car vous ignorez aussi le temps
De l'arrivée du Fils de l'homme. [45] Quel esclave, autant

Honnête que sage, son maître a établi
Sur ses serviteurs pour leur donner, sans oubli,

Leur nourriture à temps ? [46] Bienheureux cet esclave
Qui, son maître en arrivant, le trouve ainsi brave.

[47] En vérité je vous le dis, il lui confie
Tous ses biens, ses grands trésors, ses fils et ses filles.

Les Sens, la Balance et les Finances

Évangile de Saint Marc 4 : 21 – 25

Entendre c'est une fenêtre sur l'univers !
Mais sur ce qu'on entend, gardons nos yeux ouverts !
De même que la lumière est gardée au plus haut,
Ainsi doit l'être la Parole de Dieu Très Haut.
Elle doit être distinguée, car dans son message
De vie, la mort et la folie point ne partagent
Son trône. Tandis qu'après la nuit le jour paraît,
La Parole du Seigneur jamais ne disparaît.

21 Jésus dit : « se procure-t-on une lampe pour cacher
Sa lumière ? La place-t-on sous le lit, les déchets ?

N'est-ce pas pour la placer en haut lieu destiné
À illuminer la maison ? Est-ce pour l'orner ?

Ou pour que ceux qui y habitent puissent profiter
De sa lumière ? 22 Car il n'y a rien de médité

En secret, qui ne doive s'annoncer en public ;
De confidentiel, qui ne devienne politique

Ouverte et proclamée au grand jour, à haute voix.
23 Si quelqu'un a des oreilles pour entendre une fois,

Qu'il continue donc d'entendre. 24 Gare aux faux choix !
Méfiez-vous de ce que vous entendez. Le poids

Et la mesure dont vous vous servez, serviront
À leur tour pour vous ; voire encore, redoubleront.

Soyez donc des auditeurs prudents, sélectifs ;
25 Car quiconque possède la richesse à son actif,

Sera enrichi d'autres dons et d'autres biens ;
Mais on prendra le peu de celui qui n'a rien ».

La Prodigalité, l'Œil Occulté et la Méchanceté

Évangile de Saint Luc 6 : 36 – 45

[36] « Soyez donc miséricordieux, comme votre Père,
Lui aussi, est miséricordieux. [37] La colère

Humaine, vaine, futile, ne doit jamais gouverner !
Ne condamnez pas pour n'être pas condamnés !

N'entraînez personne en justice, au tribunal,
Pour que nul ne vous y traîne, vous causant du mal.

Pardonnez à autrui, vous serez pardonnés.
[38] D'un cœur miséricordieux, généreux, donnez !

Donnez et l'on vous donnera. Par une mesure
Bonne, concentrée, remuée, débordante comme pur

Critère ; l'on vous donnera. Car c'est par la même
Mesure avec laquelle vous mesurez, de même,

Que l'on mesurera pour vous ». [39] Il développa
Cet exemple : « L'aveugle peut guider les pas

D'un autre aveugle ? Tous les deux ne tomberont-
Ils pas dans un trou ? [40] Les disciples ne seront

Pas meilleurs que leur maître ! Mais la perfection
Pour chacun s'avère, dans ses paroles et actions,

Être telle que ceux qui sont devenus parfaits,
Sont et font comme leur propre maître dit et fait.

[41] Pourquoi regardes-tu l'infime brin de poussière
Qui se trouve, comme par hasard, dans l'œil de ton frère ?

Tandis que dans ton œil, nullement tu ne perçois
Le gros, lourd, abominable morceau de bois !

[42] Comment peux-tu dire à ton frère : 'Mon frère laisse-moi
Enlever la poussière de ton œil' vu que toi,

Tu ne vois pas le morceau de bois dans ton œil ?

Homme hypocrite, va ôter d'abord ton orgueil !

Ôte le bois de ton œil, alors tu verras clair,
Pour enlever la poussière de l'œil de ton frère.

43 Car il n'existe pas de bon arbre qui donne
Un mauvais fruit. Ni de mauvais arbre qui donne

Un bon fruit. 44 Tout arbre, selon ce qu'il prodigue
Est reconnu. L'on ne récolte pas de figue

À partir des épines, pas plus que l'on ne cueille
De raisins à partir d'un roncier aux belles feuilles !

45 L'homme bon, à partir du bon trésor de son cœur
Extériorise la bonté. Du trésor du cœur

De l'homme méchant, le mal est extériorisé.
C'est en vertu du cœur que la langue est pesée » !

Une Hémorragie, une Fille Resurgit et du Pain qui Nourrit

Évangiles des Saints Luc 8 : 40 – 56 ; Mathieu 9 : 18 – 26 ; Marc 5 : 21 – 43

Douze ans d'hémorragie, d'essais en remèdes vains ;
Douze ans de vie enfantine, éteinte soudain.

Il y avait plein de gens qui allaient et venaient ;
J'étais en route pour guérir une enfant fanée

Par la fièvre. Je me rendais donc chez Jaïros.
Ceux qui me cherchent me trouvent, qu'ils soient parents ou gosses.

Qu'ils soient pauvres, riches, mariés ou célibataires ;
Ouvriers, présidents, dévots ou adultères !

Mais une fois qu'on m'a trouvé, on change pour de bon.
L'on plonge dans ma lumière éternelle d'un grand bond.

On se dessaisit de ses biens, de son passé ;
L'on soigne tant qu'on peut les malades, les blessés.

Voilà qu'une foule considérable se pressait
Autour de moi. L'on s'impatientait, frémissait ;

Tout le monde voulait me toucher, m'écouter, me voir ;
Je marchais plein de grâce, de vérité, de gloire ;

Quand soudain je m'arrêtai : « Mais qui m'a touché » ?
Pierre chercha des yeux, mais il ne sut qu'en loucher !

« Tu ne vois donc pas la foule ? Quelle question vraiment » !
La grâce entre autres exige que des remerciements

Soient rendus. Donc, j'insistai tant pour savoir qui
M'avait touché ; qui, par ma force, le mal vainquit ?

Qu'une femme se présenta tremblante et toute en pleurs.
Elle avait payé des médecins les fautes, les leurres ;

Elle avait tout dépensé, mais sans résultat.
Son hémorragie chronique plutôt augmenta.

Elle raconta comment elle croyait qu'elle devait

Simplement toucher Jésus pour être sauvée ;

Même si la foule le rendait inaccessible.
Approchant les misogynes, les irascibles ;

Ne fut-ce que toucher le bord de son vêtement,
Elle guérirait puis louerait son entêtement !

Elle passerait inaperçue, n'ayant fâché
Personne ; puisqu'on associe la femme au péché,

Au manque de foi, de raison et d'humble sagesse !
Pourtant elle acquit sur le champ la belle promesse :

Sa foi l'a sauvée, comme elle sauva Abraham !
Elle reçut en plus la paix, la vie de son âme !

Ensuite Jaïros pleura. Il apprit la nouvelle
De la mort de son enfant ; or il n'avait qu'elle !

Si belle, si fine, si serviable et si charmante !
Pétillante de vie, douce et intelligente !

Les messagers, peu soucieux de le consoler,
Lui demandaient de laisser Jésus s'en aller !

« Plus besoin de déranger le Maître ! Trop tard !
La mort, cette inconnue, comme le père d'un bâtard,

S'est emparée de l'enfant qu'il faut enterrer
Au plus tôt ». Chez Jaïros, tous les amis pleuraient.

Mais je pris le père et la mère, Pierre, Jacques et Jean ;
Seul avec eux j'entrai, je renvoyai les gens,

À qui j'avais dit : « La fille n'est pas morte, elle dort ».
Mais ils s'étaient moqués, c'était là un grand tort !

Couchée sur son lit, dans sa chambre silencieuse,
Elle comprit : la foi en moi n'est pas fallacieuse.

Je lui pris la main ; elle ne bougea ni gémit !
Lui dis en araméen : « Talitha Koumi » !

Comme elle se levait, marchait affaiblie… enfin,
Je compris à mon tour qu'elle devait avoir faim.

Je chargeai ses parents de la nourrir : « qu'elle mange !
Nourrissez les enfants, ils ne sont pas des anges !

Donnez-leur du pain substantiel et spirituel ;

Préparez-les d'ici à la vie éternelle » !

Une Mission, des Actions et Une Occasion

Évangile de Saint Luc 10 : 1 – 24

[1] Après cela, le Seigneur engagea encore
Soixante-dix autres ; et les envoya alors

Deux par deux, devant sa figure vers tous les lieux
Et les villes où il comptait venir. [2] Ce vrai Dieu

Leur dit : « Vraiment, beaucoup trop grande est la moisson !
Mais trop peu nombreux, en revanche, sont les maçons !

Demandez donc au Seigneur de la moisson : « Père,
Envoie des artisans pour récolter sur terre

Ta moisson. [3] Allez-y ! Moi-même je vous envoie
Comme des agneaux précieux, mais non pas comme des proies,

Parmi des loups. [4] N'emportez pas de portefeuille,
Ni de bagage, ni de chaussures ; ne faites accueil

À personne en chemin ! [5] Quelle que soit la maison
Où vous entrerez, prononcez avec raison

La paix pour cette maison ! [6] Si un fils de la paix
S'y trouve, que justement sur elle vienne votre paix ;

Autrement, qu'elle vous revienne ! [7] Faites votre demeure
Dans cette maison, mangeant et buvant de bon cœur

Ce qu'ils vous donnent. Car le travailleur est digne
De son salaire. Cependant, je vous souligne

L'important : Ne vous déplacez pas vers d'autres
Maisons ; c'est votre première mission d'apôtres.

[8] Dans n'importe quelle ville où vous entrerez, mangez
De ce qu'on vous donne. [9] Guérissez les affligés

De diverses maladies qui s'y trouvent et dites-leur
Le Royaume de Dieu s'est approché tout à l'heure

De vous. [10] Dans n'importe quelle ville où vous entrerez,
Dont on vous chasse ; sortez vers leurs rues, pérorez :

[11] La poussière de votre ville qui s'est attachée

À nos pieds, nous vous la secouons ; mais sachez

Que le Royaume de Dieu, de vous s'est approché.
12 Je vous le dis : Il y aura pour tous les péchés

De Sodome en ce jour, une plus supportable
Condition que celle de cette ville ineffable !

13 Malheur à Chorazine ! Malheur à Bethsaïda !
Malheur à vous deux ! Car aucune ne concéda

Sous la puissance des miracles qui y furent faits.
Si Tyr et Sidon avaient reçu ces bienfaits,

Elles se seraient converties d'antan pour rendre
Leur repentir sûr, dans le sac et la cendre.

14 Mais les villes de Tyr et Sidon auront sans peine,
Au jour de la condamnation, une moins vilaine

Condition ; plus supportable que la vôtre.
15 Quant à toi, Capharnaüm, toi qui te vautres

Dans l'orgueil, toi qui t'élèves toi-même au-dessus
Du Ciel ; tu seras rabaissée ; au vu, au su

De tous, jusqu'au niveau le plus bas de l'enfer.
16 Qui vous écoute m'écoute. Son succès prolifère !

Qui vous rejette me rejette. Il s'est fourvoyé !
Car qui me hait, hait Celui qui m'a envoyé. »

17 Les soixante-dix revinrent dans une immense joie.
Ils disaient : « Seigneur Jésus, en ton Nom à Toi,

Même les démons nous sont soumis ». 18 Il leur dit : « Tiens,
J'ai vu Satan tombant du Ciel qui n'entretient

Pas sa subsistance ; et il fut précipité
Comme l'éclair. 19 Voilà, je vous donne l'autorité

De fouler serpents et scorpions et toute la force
De l'ennemi, mais rien n'aura contre vous de force.

Aucune chose au monde ne pourra jamais vous nuire.
20 Cependant, n'allez surtout pas vite vous réjouir

De ce que les démons vous sont soumis ; plutôt,
Réjouissez-vous de ce que tous vos capitaux,

Vos personnes, vos âmes, vos corps, vos trésors, vos yeux,

C’est-à-dire vos Noms mêmes sont inscrits dans les Cieux ».

21 À cet instant historique Jésus exulta
En Esprit et dit : « Père, Toi qui manifestas

Aux enfants ce que tu caches aux érudits
Et aux sages, je te loue, car ta joie s’entendit

Ainsi à devenir telle devant Toi, oui, Père,
Dieu Tout-Puissant, Seigneur du Ciel et de la terre ».

Il se tourna vers ses disciples : 22 « Sachez, vous,
Que tout me fut remis par mon Père ; je l’avoue :

Nul ne connaît le Fils, nul ne sait qui Il est
Excepté le Père. Cette connaissance est voilée.

Ni qui est le Père, si ce n’est le Fils ; mêlés
Aussi, ceux à qui le Fils veut la révéler ».

23 Il leur parla en privé, une fois isolés :
« Heureux les yeux pleins d’ardeur qui auront, zélés,

Vu ce que vous-mêmes en ce moment vous voyez.
24 Car je vous dis, tous ceux qui avaient essayé,

Parmi les prophètes et les rois, de voir cela
Même que vous voyez, leur cœur de ce désir brûla ;

Mais ne l’ont pas vu. Ils auraient tellement voulu
Entendre ce que vous entendez ; ça non plus,

Ils n’en ont pas entendu comme vous les paroles ;
Que moi je vous ai dites, parfois en paraboles ».

Un AVEUGLE-NÉ, des Yeux Recréés et une Foi Suppléée

Évangile de Saint Jean 9 : 1 – 41

1 En passant, il vit un aveugle de naissance.
2 Ses disciples lui demandèrent : « Seigneur, à qui
La faute ? Qui donc pécha pour que cet homme naquit
Aveugle ? Lui ? Ses parents ? Quelle est la réponse » ?

3 Jésus leur répondit : « Ni lui ni ses parents,
Mais pour que les œuvres de Dieu se manifestent
En lui. 4 Tant que la lumière du jour encore reste,
Je dois faire pour la foi le travail rassurant

De Celui qui m'a envoyé. La nuit s'en vient
Où personne ne peut travailler. 5 Tant que je suis
Dans le monde, je suis la Lumière du monde ». 6 Et puis
Il cracha par terre, fit de la boue, mine de rien ;

Avec sa salive, il en oignit les deux yeux
De l'aveugle. 7 Il lui dit : « Va donc te laver
Dans la piscine de Siloé ». Qui de Yahvé
Signifie l'Envoyé. Il y alla, joyeux ;

S'y lava et s'en revint guéri, clairvoyant.
8 Les voisins et ceux qui étaient habitués
À le voir disaient : « N'est-ce pas lui qui s'asseyait
Sans bouger ? N'est-ce pas lui le pauvre, le mendiant » ?

9 Les uns disaient : « C'est bien lui » ! D'autres : « Pas du tout !
C'est quelqu'un qui lui ressemble » ! Il affirmait,
Quant à lui : « C'est moi » ! 10 « Comment es-tu transformé ?
Comment tes yeux s'ouvrirent ? lui disaient-ils, avoue » !

11 Il répondit : « Quelqu'un de bien, nommé Jésus,
Appliquant sur mes yeux de la boue qu'il avait
Fabriquée, m'a donné l'ordre : « Va te laver
Dans la piscine de Siloé ». Comme je reçus

L'ordre, je l'exécutai. Donc j'y suis allé
Sur le champ ; je m'y lavai et depuis, je vois ».
12 Ils lui dirent : « Où est-il, cet homme ? En quel endroit
Le trouver » ? Il dit : « Je ne sais pas » ! 13 Tout enflé

D'étonnement, chez les pharisiens on emmena
Celui qui avait été aveugle. 14 Le jour
Où Jésus avait fabriqué avec bravoure
La boue et ouvert ses yeux était un sabbat.

15 Les pharisiens lui demandèrent donc de leur dire
Comment se faisait-il qu'il se soit mis à voir ?
Il leur répondit : « Il a appliqué, quelle gloire !
De la boue sur mes yeux. Voilà ! Je vois ! » 16 Ils dirent

Pour une part : « Cet homme n'est certainement pas de Dieu,
Car il ne garde pas le sabbat » ! L'autre part
Des pharisiens disait : « Quel pécheur a l'égard
Et le pouvoir de faire ces dons miraculeux » ?

Il y eut une division parmi eux. 17 À nouveau
Ils dirent à l'aveugle : « Ta vision est parfaite,
Que dirais-tu de lui » ? Il dit : « C'est un prophète » !
18 Ces Juifs voulurent croire que cet homme était un faux ;

Ils refusèrent de croire que c'était le même homme ;
L'aveugle de naissance qui recouvrit la vue !
Jusqu'à ce qu'ils convoquèrent pour une entrevue
Ses parents. 19 Ils leur demandèrent : « Est-ce là en somme

Votre fils dont vous prétendez qu'il vous est né
Aveugle ? Alors comment voit-il maintenant » ?
20 Les parents répondirent : « Cela est pertinent ;
C'est là notre fils et il est aveugle-né.

21 Quant à son état actuel, au fait qu'il voit,
Ou qui lui a ouvert les yeux ? Nous n'en savons
Rien. Il est majeur. Aucune tutelle nous n'avons
Sur l'adulte. Interrogez-le, qu'il parle pour soi » !

22 Ses parents avaient dit cela par simple peur
Des Juifs. Car ces derniers, par un commun accord
Concernant leur synagogue ; en chassaient du corps,
Et en excluaient les membres à l'extérieur,

Qui osaient confesser qu'il était le Messie.
23 C'est pour cette raison que ses parents dirent n'avoir
'Aucune tutelle sur lui' dans l'interrogatoire,
'Il est majeur. Interrogez-le !' 24 C'est ainsi

Qu'ils convoquèrent à nouveau celui qui avait
Été aveugle et lui dirent : « Rends gloire à Dieu !
Nous savons que cet homme est un in-consciencieux,
C'est un pécheur, un imposteur, un dépravé ».

25 Celui-ci répondit : « Pécheur ? Je ne le sais !

La seule chose que je connais de lui c'est que moi,
J'étais aveugle, pourtant maintenant, je vois » !
26 Ils l'interrogèrent encore : « Que s'est-il passé ?

Qu'est-ce qu'il t'a fait ? Dis-nous comment il t'a ouvert
Les yeux » ? 27 Il leur répondit : « Je vous l'ai déjà
Dit, mais vous n'entendez pas. Pourquoi l'on songea
Parmi vous à m'entendre encore ? Est-ce pour lui plaire ?

Cherchez-vous à devenir de ce grand Maître
Les disciples » ? 28 Ils l'insultèrent pour sa franchise !
« Toi-même son disciple ! On est ceux de Moïse !
29 On sait que Dieu a parlé à notre ancêtre !

Quant à celui-là, on ne sait pas d'où il est » !
30 L'homme répondit : « Comme c'est bizarre ! Comme c'est étrange !
Que vous ne sachiez pas d'où il est ce saint ange !
Malgré qu'il ait recréé mes yeux aveuglés !

31 Nous savons que Dieu n'écoute jamais les pécheurs !
Mais si quelqu'un est pieux et fait sa volonté
Il l'exauce ! 32 Or depuis toute éternité,
Nous n'avons jamais entendu d'une telle splendeur,

Que quelqu'un guérisse un aveugle de naissance !
Qu'il lui redonne la vue, qu'il lui ouvre les yeux !
33 Si celui-ci n'était pas réellement de Dieu,
Il n'aurait pu rien faire ». 34 Ils dirent : « Quelle insolence !

Tu es né dans les péchés, tout entier souillé ;
Tu prétends nous enseigner ? Tu vas nous instruire » ?
Et ils le chassèrent pour ne pas davantage l'ouïr !
35 Jésus apprit comment ils l'avaient renvoyé ;

Il alla le trouver, puis il lui dit : « Crois-tu
Au Fils de Dieu ? » 36 L'autre dit : « Qui est-il, Seigneur,
Pour que je crois en lui » ? 37 « Ton interlocuteur,
Lui répondit Jésus, c'est Lui-même. Tu L'as vu » !

38 L'homme dit : « Je crois, Seigneur » ! Et il se prosterna
Devant lui. 39 Alors Jésus dit : « Je suis venu
Dans ce monde, pour une condamnation ardue ;
Pour que voient ceux qui ne voient pas et vice-versa,

Pour ceux qui se croient bien voyants » ! 40 Les pharisiens
Qui étaient avec lui l'entendirent et lui dirent :
« Serions-nous donc aveugles, nous aussi » ? 41 « C'est pire !
Dit Jésus, si vous étiez aveugles combien

Vous n'auriez pas de péché ! Voilà 'nous voyons'
Dites-vous à présent, donc votre péché demeure !

Ceux à qui je pardonne vivent ; au péché ils meurent !
Avec leurs yeux nouveaux, ils me disent : NOUS CROYONS » !

Le Bon Pasteur, les Argumentateurs et l'Unité du Créateur

Évangile de Saint Jean 10 : 1 – 42

1 « En vérité, en vérité, je vous le dis,
Celui qui n'entre pas dans l'enclos des brebis
Par la porte, mais y entre tout autrement ;
Celui-là est un voleur et c'est un brigand.
2 Tandis que celui qui emprunte, pour entrer,
La porte ; c'est lui leur pasteur et leur berger.
3 Voilà que le gardien se lève pour lui ouvrir.
Et les brebis lui ouvrent leurs oreilles pour ouïr
Sa voix. Il appelle les siennes, celles qui sont à Lui ;
Chacune par son nom, et dehors Il les conduit.
4 Quand Il emmène ses brebis qui lui appartiennent,
Au dehors, Il avance devant elles ; puis, sereines,
Elles vont à sa suite car elles connaissent sa voix.
5 Quant à l'étranger, elles ne suivront guère ses pas,
Car elles ne connaissent pas la voix des étrangers ».
6 Jésus leur conta cette parabole du Berger.
Mais eux ne comprirent pas ce qu'il méditait.
7 Jésus leur parla à nouveau : « En vérité,
En vérité je vous le dis, c'est moi qui suis
La Porte des brebis. 8 Tous ceux qui, introduits
Avant moi sont venus, ne sont que des voleurs,
Des brigands, des menteurs et des cambrioleurs.
Mais les brebis n'ont pas voulu les entendre.
9 Je suis la Porte. Si quelqu'un veut se reprendre
Pour entrer par moi, il trouvera le salut ;
Il entrera et sortira de plus en plus
Humblement, car il trouvera du pâturage.
10 Le voleur ne vient que pour le simple pillage,
Pour égorger et faire périr ; en envieur.
Moi je suis venu pour qu'elles aient une vie meilleure.
11 Je suis le Bon Berger. Et comme un bon berger,
Je dispose mon âme humblement pour mes sujets.
12 Mais le salarié à qui n'appartiennent pas
Les brebis, s'il voit venir le loup à grands pas,
Il les abandonne, les délaisse et s'enfuit.
Puisqu'il n'est pas pasteur, qu'elles ne sont pas à lui.
Le loup kidnappe les brebis et les disperse.
13 Le salarié s'enfuit parce qu'il exerce
Son métier professionnellement contre un salaire,

Il s'en fiche des brebis, ne s'y intéresse guère.
14 Quant à moi, Je Suis le bon Pasteur. Je connais
Mes sujets, ceux de ma Céleste Maisonnée ;
Et mes sujets me connaissent. 15 Tout comme le Père
Me connaît et moi de même je connais le Père.
Et moi je dépose mon âme au lieu des brebis.
16 J'ai d'autres brebis qui ne sont pas toutes d'ici.
Il faut que j'en prenne soin aussi, et que ma voix
Leur parviennent, afin qu'elles m'écoutent et qu'elles soient
Un seul troupeau dirigé par un seul Pasteur.
17 Pour cette raison le Père m'aime avec tout son cœur ;
Car je soumets mon âme, mais la reprends vainqueur.
18 Personne ne me la ravit, mais c'est de moi-même
Que je la soumets. J'ai l'autorité suprême
De m'en dessaisir et de la reprendre en main.
J'ai reçu ce commandement de mon Père Saint ».
19 À cause de ces paroles, les Juifs se divisèrent
À nouveau. 20 Beaucoup d'entre eux, envieux, l'accusèrent
D'être possédé par un démon : « Il divague,
Pourquoi vous mettez-vous à écouter ses blagues » ?
21 D'autres disaient : « Ce ne sont pas là les paroles
D'un possédé par un démon aux actions folles,
Un démon peut-il des aveugles ouvrir les yeux ?
Jamais rien de tel ne s'est produit sous les cieux » !
22 Il y avait à Jérusalem le festival
De la Dédicace et l'hiver était glacial.
23 Jésus se promenait au temple comme un lion,
Aux environs de la Porte de Salomon.
24 Les Juifs l'entourèrent pour lui parler : « Jusqu'à quand
Vas-tu tenir nos souffles et nos âmes en suspend ?
Si c'est toi le Christ, ose nous le dire ; qu'on le sache » !
25 Jésus leur répondit : « Il n'y a rien que je cache !
Je vous l'ai déjà dit, vous ne voulez pas croire !
Les œuvres, qu'au Nom de mon Père, vous pouvez voir
Que je fais, ce sont elles qui témoignent pour moi.
26 Mais vous ne croyez pas, vous n'avez pas la foi ;
Parce que vous ne faites pas partie de mes brebis,
Ainsi que je vous l'ai déjà plusieurs fois dit.
27 Mes brebis écoutent ma voix, l'entendent, la comprennent !
Je les connais en personne, elles me suivent sans peine !
28 Moi, je leur donne la vie éternelle, pour toujours.
Elles ne périront jamais, ma main les entoure !
Personne sur terre ni dans les cieux n'a le pouvoir
De les arracher à ma main. Elles sont ma gloire !
29 Mon Père, Lui qui me les a données, est plus grand
Que tout. Personne au monde ne l'égale, ne lui prend
Ce qu'Il tient en main. 30 Moi seul, uniquement, je suis
Égal au Père, Lui et Moi nous sommes Un ». 31 Et puis,
Les Juifs se saisirent de pierres pour le lapider
À nouveau, 32 Jésus répondit : « Gens de Judée,
Je vous ai montré beaucoup de bienfaits venant

De mon Père ; pour lequel parmi eux, maintenant,
Me lapidez-vous » ? 33 Alors les Juifs répondirent :
« Nous ne te lapidons pas afin de maudire
L'un de tes bienfaits ; non, mais nous te lapidons
À cause du blasphème, car tu n'es qu'un homme aux dons
Humains, et cependant toi-même tu te fais Dieu » !
34 Jésus leur répondit : « N'est-il pas déjà vieux
Le texte écrit dans votre Livre de la Loi
'Moi j'ai déclaré que vous êtes des dieux', 35 pourquoi
Pensez-vous qu'Il les ait appelés ainsi dieux,
Ceux à qui fut adressée la parole de Dieu ?
Jamais l'Écriture ne peut être récusée.
36 À celui que le Père a sanctifié, visé
Et envoyé au monde, lui dites-vous 'tu blasphèmes'
Car j'ai dit je suis Fils de Dieu ? 37 Quel faux problème !
Si je n'accomplis pas les œuvres de mon Père,
Ne croyez pas en moi. 38 Mais si je les opère,
Même si vous ne me croyez pas, ajoutez foi
À ces œuvres produites, que le monde entier voit !
Pour que vous connaissiez que le Père est en moi,
Et moi en Lui ». 39 Ils complotèrent d'un ton sournois
Pour se saisir de lui, mais il se soustraya
À leurs mains. 40 Il passa à nouveau au-delà
Du Jourdain, là où Jean baptisait au début ;
Et il y resta. 41 Beaucoup de monde accourut
Vers lui disant : « Jean n'a rien fait de merveilleux,
Mais tout ce qu'il a dit à son propos eut lieu,
Et s'est avéré vrai ». 42 Beaucoup de gens là-bas
Crurent en Lui, se mirent à le suivre pas à pas.

L'Intruse Importune, une Supposition Taciturne, des Dettes et des Fortunes

Évangile de Saint Luc 7 : 36 – 50

36 L'un des pharisiens vint demander à Jésus
L'honneur de manger chez lui. Il y fut reçu

Avec d'autres invités, se mit à table ;
Puis la maison grouilla d'une foule innombrable.

37 Une femme de la ville, de mauvaise réputation,
Qui n'était pas inclue dans cette invitation,

Sachant qu'il était présent chez le pharisien,
Y alla quand même, prit un flocon de parfum ;

38 Et debout, à ses pieds, se plaça en arrière
De Jésus, pleurant, et commença sa prière

En mouillant par le flot de ses larmes ses pieds ;
Et avec ses cheveux elle les lui essuyait.

Elle se mit à les embrasser et puis versait
L'huile parfumée en les en oignant. 39 Les pensées

Secrètes du pharisien qui l'avait invité
Le tourmentèrent tant, qu'elles le firent regretter

D'avoir invité Jésus. 'S'il était prophète,
Se dit-il, il lui demanderait qu'elle arrête

De le toucher ; il connaîtrait sa condition,
Il annoncerait contre elle sa réprobation,

Il n'a pas l'air de savoir que c'est une pécheresse'.
40 Voulant restorer à son hôte son allégresse

Première, Jésus prit la parole et il lui dit :
« Simon, j'ai quelque chose à te dire ». « Allez-y » !

Lui répondit-il. 41 Alors Jésus prononça
Cette parabole gracieusement : « Il y avait une fois,

Un créancier auquel deux débiteurs devaient

L'un cinq cents et l'autre cinquante pièces. [42] Pour sauver

Les deux, il leur fit grâce de leur dette. Dis-le-moi,
Simon, lequel pour cet homme, plus d'amour pourvoit » ?

[43] Il lui répondit : « Puisque selon vous, maître,
Les deux étaient fauchés, il leur fallait être

Reconnaissants. Mais celui dont la dette était
Plus grande, a dû, ça je ne puis le contester,

L'aimer davantage bien sûr ». « C'est avec raison
Que tu juges. [44] Oui, je suis entré dans ta maison,

Pourtant, tu n'as pas versé de l'eau sur mes pieds ;
Mais cette dame, avec ses larmes, elle les a baignés ;

Et avec ses cheveux, elle me les a séchés.
[45] Voilà que toi, tu ne m'as pas du tout touché,

Tu ne m'as pas embrassé ; elle n'a pas cessé,
Depuis qu'elle est entrée, baissée, de m'embrasser

Les pieds. [46] Toi, tu n'as pas versé d'huile sur ma tête ;
Elle a oint mes pieds de parfum. [47] Enfin cette fête,

Elle n'y était pas invitée ; elle est venue.
Pour cela je te dis, ses péchés bien connus,

Lui sont tous pardonnés ; car elle a témoigné
Beaucoup d'amour. Celui pour qui est pardonné

Très peu, témoigne également de très peu d'amour ».
[48] Puis il lui dit : « Va, tu es absoute pour toujours,

Tes péchés sont pardonnés ». [49] Ayant écouté
Ces paroles, ceux qui avaient été invités

Se dirent en eux-mêmes : 'Mais qui donc peut-il être ?
Qui de plus pardonne des péchés ?' [50] Mais le Maître

Dit à la dame : « C'est bien ta foi qui t'a sauvée !
Va-t'en donc ma fille, que t'accompagne la paix ».

Une Preuve, Une Vie Neuve et Une Veuve

Premier Livre des Rois 1Rois 17 : 17 – 24

Après ces évènements, le fils de la veuve,
À qui appartenait la maison, fut malade.
Sa maladie s'aggrava tant que : morbide preuve,
Il ne resta plus en lui de souffle. Boutade ?

Non ! Il était bel et bien mort. « Dis donc, Élie,
Homme de Dieu ! Qu'y a-t-il donc entre toi et moi ?
Es-tu venu pour faire revivre ma folie ?
Pour rappeler mes fautes ? Me punir sous mon toit ?

Pour faire mourir mon fils unique, mon cher garçon » ?
Il lui dit : « Donne-moi l'enfant » ! Il le fit monter
Dans la chambre haute, puis l'étendit sans façons
Sur son propre lit. En présence du mort cité,

Il s'écria vers le Démiurge : « Seigneur, mon Dieu,
Encore à cette pauvre veuve qui m'a hébergé,
As-tu nui en faisant mourir son fils si pieux » ?
Il s'étendit sur le gamin au sang figé,

Trois fois en implorant : « Seigneur, mon Dieu, que l'âme
Du petit revienne à l'intérieur de son corps ».
Le Tout-puissant se plut à entendre quelle flamme
Sortait de la bouche d'Élie en faveur du mort !

Alors son âme lui revint et il revécut.
Élie le prit et descendit les escaliers ;
Il le remit à sa mère : « Mon Dieu a vaincu !
Vois… ton fils est vivant ». La femme, n'ayant pu renier

La vérité, dit : « Je reconnais, en ce temps,
Que tu es l'homme de Dieu. Les paroles du Seigneur
Sont dans ta bouche vraies. Leur ferveur, fraîche, ne quittant
Point leur source et leur foyer, homme sincère : ton cœur ».

Appel à l'Amour, Chemin de Retour, et Méfiance en Secours

Épître de Saint Jude 1 : 25

[1] Jude, serviteur de Jésus-Christ et frère de Jacques,
Aux invités, sanctifiés contre toute attaque,
En Dieu le Père, et conservés pour Jésus-Christ.
[2] Que miséricorde, paix, amour pour votre esprit
Se multiplient. [3] Mes bien-aimés, je m'efforçais
De vous écrire au sujet du salut placé
En commun ; mais il me fut plutôt nécessaire
De vous exhorter en vous écrivant, de faire
Les efforts sincères pour préserver la vraie foi
Transmise une fois pour toutes aux saints. [4] Car par une voie
Malhonnête, voilà que quelques individus,
Inscrits à la condamnation, ont répandu
Subrepticement l'infamie et l'ignominie.
Depuis l'ancien temps déjà leurs noms sont bannis.
Ce sont des débauchés qui pervertissent la grâce
De notre Dieu en prostitution perspicace.
Ils renient le seul et unique Seigneur, le Dieu
Qui est notre Seigneur Jésus-Christ. [5] Donc je veux
Vous rappeler, bien que vous le sachiez déjà,
Que Dieu fit bel et bien périr, et affligea
Ainsi ceux des incrédules combattant la foi ;
Après avoir sauvé son peuple, dans la joie,
Hors du pays d'Égypte. [6] De même pour les anges,
N'ayant pas gardé l'autorité qui les range,
Puisqu'ayant quitté leur demeure, Il les garda
Pour la condamnation du grand jour ; les manda
De chaînes éternelles ; soumis à l'obscurité.
[7] De même pour Sodome et Gomorrhe, et les cités
Avoisinantes, ayant pratiqué l'adultère,
Livrées à un autre corps qui n'est que de chair,
Elles furent dès lors un exemple par excellence :
Le modèle servant de leçon pour la vengeance
Divine, elles devinrent le symbole du châtiment,
Qui est le feu éternel. [8] Le dépravement
Que répandent ces gens corrompus et charnels,
Dont l'impureté sexuelle et spirituelle,
Leur souille le corps ; méprisant la souveraineté,
Blasphémant contre les gloires de l'éternité.
[9] Quant à Michel, l'un des archanges du Seigneur,

Lorsqu'il argumenta avec toute sa ferveur,
Contre Satan, au sujet du corps de Moïse ;
Il ne s'abaissa point, malgré toute sa franchise,
À l'insulter en le jugeant ; mais bien plutôt,
Lui dit : « Que Dieu te réprimande selon le taux
De ta méchanceté ». 10 Ces blasphémateurs insultent
Ce qu'ils ignorent. Quant à ce qu'ils comprennent d'occulte,
Comme les animaux privés de raison, muets ;
En cela même ils se corrompent sans l'avouer.
11 Malheur à eux car ils ont suivi le chemin
De Caïn, s'adonnant à l'égarement certain
Du péché dont prévint Balâm pour un salaire ;
Ils ont péri avec Coré en plein désert
Dans leur révolte. 12 Ce sont des rochers de pierre
Dans vos festins vivifiants. Sans crainte, sans prière,
Ils festoient ensemble ; soignant bien leur ventre.
Ce sont des nuages sans eau qu'un vent éventre.
Ce sont des arbres d'automne, sans fruit, dont la mort
Se multiplie à la puissance de tous les torts ;
Puisque s'arrachant tout d'abord de leur racine ;
Donc redoublant d'hypocrisie vile et mesquine.
13 Ce sont des vagues de mer vomissant une écume
Dont la confusion constitue le seul volume.
Ce sont des étoiles égarées et réservées
À l'opacité des ténèbres cultivée
Pour elles de toute éternité. 14 À leur propos,
Aussi, Énoch, le seul qui n'eut pas de tombeau,
Le septième après Adam ; a prophétisé :
« Voici l'avènement du Seigneur, divinisés
Avec Lui, ses Saints, par milliers ; sont au milieu,
De toutes les races, des enfants, des jeunes et des vieux.
15 Il est venu opérer une condamnation
Sur tous, et pour châtier, pour toute leur corruption,
Toutes les œuvres des impies, par l'intermédiaire
Desquelles ils se sont corrompus ; leurs mots en l'air,
Qui les ont endurcis, qu'ils avaient eu l'audace
De prononcer contre lui ; dans leur malsaine crasse ».
16 Ce sont des chuchoteurs bavards et des plaintifs,
Dont la discipline est conduite par un motif
De désirs charnels ; leur bouche parle de grandeurs,
Complimentant ; changeant leurs figures en faveur
Du bénéfice promouvant la partialité.
17 Quant à vous, chers amis, pour toujours méditez
Les paroles antérieures dites par les apôtres
De notre Seigneur Jésus-Christ ; qu'elles soient vôtres :
18 « Pendant les derniers temps, bien des peuples moqueurs,
Se conduiront selon l'impiété de leurs cœurs ».
19 Ce sont eux les dissidents, exaltant leurs âmes ;
Des psychologues sans esprit, des menteurs infâmes.
20 Quant à vous, édifiez-vous les uns les autres,
Sur votre foi sainte obtenue des apôtres ;

Mes bien-aimés, élevez vos âmes en vous fondant
Et vous fortifiant dans l'amour saint et ardent ;
Priant toujours dans l'Esprit Saint. 21 Gardez vos âmes
Dans l'amour de Dieu ; en attendant que s'enflamme
La miséricorde de notre grand Seigneur Jésus-Christ
Pour la vie éternelle. 22 Distinguant les esprits,
Ayez de la miséricorde pour certains.
23 Pour d'autres, sauvez-les comme il est opportun,
Avec grande crainte, en prenant bien vos précautions ;
Car elles sont imperceptibles, leurs transgressions,
Pour beaucoup. Mais vous, faites bien attention au feu
En vous approchant d'eux ; haïssez jusqu'au nœud
De leurs habits, souillés par leur corps. 24 Tout Puissant
Est celui qui peut vous préserver innocents
Sans causes de chutes, vous faire tenir fermes dans la foi ;
Vous faire tenir debout devant lui dans la joie,
Face à sa gloire pour que vous soyez sans défaut.
25 Le Dieu seul sage, notre Sauveur, lui le Très Haut,
À Lui la gloire, la grandeur, la souveraineté,
Le pouvoir ; maintenant et pour l'éternité.
Amen.

La Cité Future, la Vraie Nourriture et la Grande Aventure

Épître aux Hébreux 13 : 7 – 16

[7] Mentionnez sans oubli vos guides spirituels
Qui vous ont instruits dans l'amour de leur tutelle ;

Ils vous ont communiqué le Verbe de Dieu,
Examinez la fin de leur vie dans les cieux,

Et imitez leur foi. [8] Jésus-Christ est le même,
Hier, dans le passé éternel, sans quantième ;

Aujourd'hui, demain et jusqu'à l'éternité !
[9] Ne vous laissez pas conduire par l'autorité

De doctrines étrangères, hérétiques, variées ;
Car il est bon pour le cœur d'être fortifié

Par la grâce de la foi ; non par des aliments
Qui ne bénéficient, par leur ingurgitement,

En rien à ceux qui les ont consommés.
[10] Il est nôtre l'autel dont, ceux qui sont nommés

Pour servir la maison, n'ont pas l'autorité
D'en manger. [11] Les animaux dont le sang, porté

Par la main du grand prêtre dans le sanctuaire ;
C'est en dehors du camp qu'il faut brûler leur chair.

[12] Pour cette raison, Jésus, afin de sanctifier
Le peuple par le sang de sa vie, s'est expié

À l'extérieur de la porte. [13] Sortons donc vers Lui,
Portant son scandale. [14] Car nous n'avons plus depuis

Lors de cité permanente ici ; nous prions
Pour la cité future. [15] Nous aussi, expions

À Dieu par Lui en tout temps, avec sacrifices
De louanges, ce qui veut dire, offrons sans malice

Le fruit précieux de lèvres confessant son Nom.

[16] N'oubliez pas les œuvres de distribution,

Faites le bien charitablement ; car en pareilles
Œuvres et sacrifices Dieu se réjouit à merveille.

Un Entretien, Deux Points et le Dieu des Chrétiens

Évangile de Saint Marc 12 : 28 – 34

[28] L'un des scribes vint et les entendit discuter ;
Quand il vit qu'il abolit leur témérité

En leur répondant si bien, il s'est enquêté :
« Quel commandement doit avoir la primauté » ?

[29] Jésus lui répondit : « C'est bien le tout premier :
Écoute, Israël, le Seigneur notre Dieu est

Un Seigneur unique. [30] Et que tu aimes le Seigneur
Ton Dieu avec toute ton âme, ta pensée, ton cœur

Et ton pouvoir. C'est le premier commandement.
[31] Puis un autre, le second, similairement :

Que tu aimes ton prochain comme tu aimes ta propre âme.
Aucun autre commandement dans toute la gamme

N'est plus primordial que ces deux-là ». [32] « C'est très bien,
Maître, lui dit le scribe ; tu n'as dit vraiment rien

D'autre que la vérité. Car c'est un seul Dieu
Créateur de l'univers, de la terre, des cieux ;

Et il n'y en a pas d'autre que Lui. [33] Son amour
Avec tout le cœur, l'âme, la force et le concours

De la compréhension ; et l'amour du prochain
Comme soi-même, c'est meilleur que tous les rites anciens

En matière d'holocaustes et de sacrifices.
C'est bien raison et vérité sans artifice ».

[34] Quand Jésus le vit répliquer avec raison,
Il lui dit : « Tu n'es pas loin, toi et ta maison,

Du Royaume de Dieu ». Et après ces entretiens,
Nul n'osait plus questionner ce Dieu des chrétiens.

Prêtres Hypocrites, Réclamation Subite et Restoration Licite

Le Saint Prophète Jérémie 23 : 1 – 3

1 « Malheur aux pasteurs qui se mettent à disperser
Et à faire périr mes brebis que j'ai laissées

À leur soin, leur confiant mon troupeau à paître »,
2 Dit le Seigneur, Dieu d'Israël, de ces êtres

Qui cultivent et nourrissent son peuple. « Vous avez
Égaré mes brebis, et elles se sont sauvées

Pour vous fuir, vous les avez chassées et exclues,
Vous les avez égarées loin de mon salut ;

Aussi je vous punirai pour la méchanceté
De vos œuvres, le mal causé par l'impiété

De votre comportement, j'en réclame le prix »,
Dit le Seigneur ; « il ne sera pas impuni.

3 Moi je rassemble mes autres brebis des terres
Lointaines où elles sont exilées. Je récupère

Leur perte, je les restore à leurs verts pâturages ;
Pour qu'elles fructifient, se multiplient d'âge en âge.

J'établirai sur elles de vrais pasteurs fidèles !
Elles n'auront plus peur, ne manquant pas de modèles ;

Elles ne seront plus jamais perdues et n'auront
Plus à trembler », dit le Seigneur, le Vigneron.

Annonce Bienheureuse, Justice Lumineuse et Rédemption Miraculeuse

Psaume de Salomon 72 : 1 – 19

Ce psaume du roi Salomon est une prophétie à propos de l'avènement du Seigneur Jésus Christ, dont l'Esprit Saint révéla les traits spirituels au prophète, l'homme le plus sage et le plus riche de tous les temps.

1 Dieu, donne tes préceptes au roi et au fils du roi ;
2 Pour qu'il puisse gouverner conformément au droit.
3 Que les montagnes portent la paix, les collines
La justice pour le peuple. 4 Fais qu'il abomine
L'injuste, qu'il sauve les enfants des opprimés,
Qu'il juge en faveur des pauvres qui t'ont aimé.
5 La crainte du Seigneur, en tous, subsistera ;
Génération après génération l'aura,
Tant que subsisteront la lune et le soleil.
6 Il descend sur terre, et sa venue est pareille
À la rosée matinale inondant les champs ;
À la pluie arrosant la terre, bons et méchants.
7 En ses jours, la lumière du juste resplendit,
Jaillissant de l'est à l'ouest, du nord au midi ;
La lumière de la paix sera multipliée
Jusqu'à ce que la lune disparaisse, atrophiée.
8 Le Fils règne des océans jusqu'à la mer,
Et depuis le fleuve jusqu'aux confins de la terre.
9 Devant lui fléchissent les habitants du désert,
Ses ennemis s'abaissent pour lécher la poussière.
10 Tous les rois de Tarsis et des îles lui envoient
Une offrande.
Lui présentent des dons tous les rois
De Saba et de Séva. 11 Tous les rois l'adorent
Toutes les nations le servent, soumises à son corps.
12 Il sauve le pauvre qui l'appelle à son secours,
Et le misérable qui n'a qu'un bras bien court,
Que personne ne regarde, dont nul ne se soucie.
13 Il prend pitié du pauvre, de son âme noircie,
Il libère l'opprimé, le délivre et le sauve ;
Les âmes des désespérés, Dieu les rénove.
14 Il rachète leur vie par sa rédemption, leurs âmes
Lui sont bien trop chères. Qu'ils soient des hommes ou des femmes,
Il les arrache à l'injustice et au pillage.
À ses yeux ils sont trop dignes pour pareille cage.

15 En lui le peuple a la vie, c'est lui que l'on prie.
Lui est offert de l'Orient de l'or de grand prix ;
En tout temps l'on sollicite sa bénédiction.
16 Par lui la justice abonde pour toutes les nations
De la terre, et ses fruits sont aux plus hauts sommets
Des montagnes, tout comme au Liban, parsemés,
Florissant ; ils pendent ondulés et dansant.
Les citadins dans ses villes vont s'épanouissant,
Pareils à l'herbe des champs et aux fleurs de lis.
17 Son Nom est pour toujours. Aussi longtemps que vit
Le soleil, son Nom grandit, en Lui sont bénies
Toutes les tribus de la terre, on Le remercie ;
Toutes les nations de la terre Le déclarent heureux.
18 Béni soit le Dieu d'Israël, le Seigneur Dieu ;
Lui seul fait des merveilles, des miracles sans fin.
19 Béni soit son Nom sanctifié jusqu'aux confins
De la terre. Aussi que toute la terre soit remplie
De sa gloire jusqu'au fond de ses moindres replis.

Paix Linguistique, Sagesse Patristique et Mise en Pratique

Épître de Saint Jacques 3 : 1 – 18

1 Mes frères, ne nous mettons pas trop à enseigner.
Vous avez appris la punition magnifiée
Qui sera infligée avec plus de rigueur
À nous qui enseignons, car nous sommes des tuteurs
Responsables désormais de la punition
De nos auditeurs, portant leur condamnation
Sur nos épaules ; pas seulement le poids de nos fautes,
Mais celui des leurs. Car tout ce dont Dieu nous dote,
Mes frères, n'est pas forcément communicable
Par les mots, ni par conséquent enseignable.
Laissons-nous perdre le terrain des arguments ;
Veuillons nous appauvrir parfois volontairement,
Plutôt que d'être muets devant notre juge.
Acceptons de consoler et d'offrir refuge.
Agissons charitablement envers les saints.
Que notre autorité démontre celle du Saint
Des saints, l'Ultime Juge, le Démiurge Créateur ;
Assurons-nous qu'Il est notre Suprême Tuteur.
2 Car en beaucoup de choses, mes frères, nous succombons :
Chocs, scandales, offenses, causes de chute, nous y tombons
Tous à l'exception de celui qui ne commet
Aucune faute en parlant. Si quelqu'un parle mais
Ne se rétracte pas en ce qu'il dit, ses mots
S'encadrent dans un vrai pragmatisme sans faux ;
Reflétant l'harmonie de toute son existence :
Son langage et sa vie se joignent dans l'absence
De toute hypocrisie. Un tel homme est parfait,
Et il peut brider son corps entier par le fait
Même. 3 Voilà que nous mettons un mors dans la bouche
Des chevaux pour qu'ils nous obéissent, qu'ils ne louchent
Ni à droite ni à gauche ; alors nous dirigeons
Tout leur corps, les conduisons et les ménageons.
4 Prenez encore les bateaux, malgré leur grandeur,
Pourtant, en dépit de leur imminente valeur,
Les vents tempétueux auraient pu les contrôler,
Les égarer, leur faire ignorer où aller ;
Si ce n'était la toute petite barre gouvernée
Par leur capitaine qui dirige leur destinée
Ainsi, à partir de ce petit gouvernail ;
Les menant là où il a l'intention qu'ils aillent.
5 Il en est de même pour la langue. Elle est petite

Parmi les membres du corps, pourtant elle incite
À la fierté d'un orgueil sérieux, voire immense ;
Comme un petit feu entretient l'incandescence ;
Et une toute petite flamme peut brûler tant d'essence.
6 La langue est le feu de la désobéissance ;
Elle est le feu qui attise les iniquités.
Ainsi parmi nos membres elle est ajoutée.
C'est elle qui rend impur tout le reste du corps,
Attisant la sphère universelle par son tort ;
Et attisée elle-même par l'enfer. 7 Toutes les races
Des bêtes en leur diversité de populace :
Les fauves, les oiseaux, les reptiles ou les poissons ;
Sont domptées par la race humaine à l'unisson,
Elles le furent depuis le passé le plus lointain.
8 Quant à la langue, personne, parmi les humains,
N'a pu la dompter ; son mal est indomptable,
Rempli d'un poison mortel et incurable.
9 C'est par son intermédiaire que nous bénissons
Dieu le Père, et c'est par elle que nous maudissons
Les gens composés à la ressemblance de Dieu.
10 De la même et unique bouche ressortent le mieux
Et le pire : bénédiction et malédiction !
Elle ne convient point cette fâcheuse contradiction,
Mes frères. 11 Est-ce qu'on s'attend jamais qu'une même unique
Source d'eau produise le doux et l'amer ? 12 Tragique
Ou comique, répondez : est-ce qu'un figuier, mes frères,
Produit des olives ? Une vigne, des figues ? L'affaire
Est identique pour la source d'eau qui jamais
Ne produit l'eau douce de façon simultanée
Et l'eau salée, à partir d'un seul orifice.
13 Qui est sage et savant parmi vous ? L'exercice
De ses actes doit montrer une débrouillardise
Émanant d'un bon comportement qu'organise
La douceur de la sagesse. 14 Mais si vous avez
Une jalousie amère et dans vos cœurs vivez
Partiaux ; n'allez surtout pas vous enorgueillir
Et mentir contre la vérité ; 15 car agir
De la sorte ne relève pas de la sagesse
Descendue d'en haut, mais plutôt de la sagesse
Terrestre, psycho égoïste et démentielle.
16 Puisque là où il y a jalousie sous le ciel,
Là où il y a de la partialité, là même,
Règne la confusion et c'est le mal qu'on sème.
17 Quant à la sagesse qui est d'en haut, elle est pure
Premièrement, ensuite pacifique ; pas dure,
Mais tendre ; pas rebelle, plutôt docile ; remplie
De miséricorde sous ses moindres replis,
De fruits de l'Esprit qui ne sont jamais moisis ;
Elle ne contient ni tricherie ni hypocrisie.
Cette sagesse divine et sainte est celle de la vie ;
Et tous ceux qui viennent à elle, elle les purifie.

18 Le fruit de sa justice est planté dans la paix,
Avec les mains de ceux qui font œuvre de paix.

Partenariat Divin, Savoir qui n'est pas Vain et l'Étoile du Matin

Deuxième Épître de Saint Pierre 2 Pierre 1 : 21

1 Simon Pierre, apôtre et esclave de Jésus-Christ ;
À ceux qui ont obtenu avec nous le prix

D'une foi précieuse et équivalente, comme nous-mêmes ;
Par la justice de notre Dieu qui tant nous aime,

Et du Sauveur Jésus-Christ. 2 Qu'abondent pour vous
La grâce et la paix, par la connaissance, en vous

En éveil ; de Dieu, de Jésus notre Seigneur,
Qui est venu pour nous donner une vie meilleure.

3 De même que son pouvoir divin nous a donné
Tout ce qui est pour la vie, la piété innée ;

Par la connaissance de Celui qui nous appelle
Par la gloire et la vertu. 4 Aussi par lesquelles

Il nous a donné de grandes et précieuses promesses
Afin que vous soyez par elles dans l'allégresse

D'être des coassociés de la nature
Divine ; fuyant de ce monde toute pourriture

En œuvre par cet intermédiaire : le désir.
5 À cause de cela même, efforcez-vous d'agir

En présentant la vertu dedans votre foi
Et dedans la vertu une connaissance de choix.

6 Dedans ce savoir, présentez la chasteté.
Dedans la chasteté, la patience présentez ;

Dedans la patience, la piété surtout mettez
En évidence. 7 Dedans la piété, présentez

La cordialité fraternelle. Enfin, toujours
Faites que la fraternité demeure dans l'amour.

8 Si ces qualités viennent à se multiplier
Elles vous rendront libres de toute paresse liée

A la connaissance de notre Seigneur Jésus
Christ, ainsi que de la vanité incongrue.

9 Car celui qui n'a pas ces qualités ne voit
Pas plus loin que le bout de son nez ; il déchoit

Dans la cécité de l'âme ; et dans un oubli
De se purifier de ses péchés qui le lient

Au passé. 10 Efforcez-vous d'autant plus, frères,
Pour cette raison de consolider la lumière

De votre appel et aussi de votre élection.
Ainsi donc vous obtiendrez la bénédiction

Qui vous préservera de succomber au mal ;
Car ces recommandations sont fondamentales.

11 C'est de cette façon que la rentrée au Royaume
Éternel de notre Seigneur et Sauveur Homme

Et Dieu Jésus-Christ vous est offerte largement.
12 À cause de cela je ne néglige nullement

De vous rappeler ces questions même si déjà
Vous en avez la connaissance qui se figea

En vous profondément avec la vérité
Présente, dans laquelle vous êtes consolidés.

13 Mais j'estime qu'il est juste, tant que je me trouve
Dans ce logement, d'éveiller ce qui approuve

Votre regain d'intérêt par réminiscence.
14 Sachant que mon départ n'a plus de déférence

Ainsi que me l'a révélé notre Seigneur
Jésus Christ également. 15 Je m'efforce au meilleur

De moi-même donc de faire en sorte que vous soyez,
Après mon départ, pour ces questions, éveillés ;

Et que vous les ayez constamment en mémoire.
16 Car nous n'avons pas suivi des fables notoires

Toutes fabriquées ; puisque nous vous avons appris
La puissante force de notre Seigneur Jésus Christ

Et sa venue ; nous étions les témoins oculaires
De sa grandeur. 17 Car il a pris de Dieu le Père

Dignité et gloire ; lui qu'enveloppa la voix
De la Majesté suprême : « C'est bien lui ma joie,

Mon Fils d'amour, à Moi ». [18] Nous avons entendu
Cette voix lorsque nous nous sommes avec lui rendus

Sur la montagne sainte ; cette voix venait du ciel.
[19] D'autre part nous avons la parole éternelle

Des prophéties qui demeure plus avantageuse
Que toute autre. Car c'est cette parole bienheureuse

Que vous feriez bien d'écouter attentivement,
Comme un luminaire, une lampe, un phare permanent

En un lieu noir jusqu'à ce que le jour éclate
Et que l'astre du matin se lève en toute hâte

Dans vos cœurs. [20] Sachant d'abord que toute prophétie
De l'Écriture ne provient jamais d'un souci

D'interprétation personnelle. [21] Absolument
Aucune véritable prophétie au moment

De sa communication ne survint jamais
De la part de la volonté d'un homme mais

Les saints hommes de Dieu ont parlé étant conduits
Par l'Esprit Saint qui jamais en erreur n'induit.

Une Foule au Désert, Une Humanité Précaire et Une Plénitude qui Prospère

Évangile de Saint Mathieu 15 : 32 – 38

32 Jésus appela ses disciples, puis il dit :
« Je m'apitoie tant sur la foule, car les voici

Déjà depuis trois jours demeurant avec moi,
Sans manger. Si c'est à jeun que je les renvoie,

Ils risquent de s'évanouir pendant leur chemin ».
33 Ses disciples lui dirent : « D'où aurait-on du pain

En telles quantités dans ce désert pour suffire
Une foule si nombreuse » ? Pourtant, à la mine qu'ils firent,

34 Jésus leur demanda : « Combien y a-t-il de pains
Avec vous » ? Ils répondirent : « sept », ils avaient faim,

Puis ajoutèrent : « et un peu de petits poissons ».
35 Il commanda aux foules de s'asseoir sans façons

Par terre. 36 Puis il prit les sept pains et les poissons,
Remercia, les rompit, donna cette rançon,

Aux disciples puis à la foule. 37 La multitude
Mangea et se rassasia en grande plénitude.

Puis on ramassa les restes de toutes les miettes :
Sept corbeilles pleines. 38 Le nombre des hommes seuls en quête

De nourriture s'élevait bien à quatre mille,
À part les femmes et les enfants. Sauves du péril

De la faim, Jésus renvoya en paix les foules.
Puis il embarqua pour Magdala, dans la houle.

Attention au Levain, Pas de Signe Divin et la Foi qui Vainc

Évangile de Saint Marc 8 : 10 – 15

10 En ce temps-là, Jésus dans le navire monta
Avec ses disciples, vint à Dalmanoutha.

11 Les pharisiens y vinrent pour le mettre à l'épreuve ;
L'engagèrent à converser, demandant une preuve

Miraculeuse, un signe qui provienne du Ciel.
12 Puis il soupira d'une manière spirituelle :

« Cette génération veut un prodige qui se voit !
Il ne lui en est donné aucun, sauf en Foi » !

13 Les ayant quittés, il rentra dans le navire,
Pour traverser vers l'autre rive. 14 Quelques-uns virent,

Parmi ses disciples, qu'ils avaient oublié -
L'erreur est humaine mais non par Dieu appuyée -

D'emporter du pain pour le chemin en bateau,
Excepté un, auquel ils pensèrent aussitôt.

15 Quand il prononça sa vive recommandation :
« Regardez, méfiez-vous, faites bien attention

Au levain des pharisiens et du roi Hérode.
Gardez ma foi si vous voulez vaincre leurs fraudes ».

Une Histoire Vraie : le Blé et l'Ivraie

Évangile de Saint Matthieu 13 : 24 – 30

24 Il leur présenta une autre parabole :
« Le Royaume des Cieux ressemble bien aux paroles
D'un homme qui a planté du bon grain dans son champ.
25 Pendant que les gens dormaient, son ennemi marchant
Au milieu sema de l'ivraie et s'en alla.
26 Quand le blé poussa, eut produit l'épi, voilà
Que l'ivraie apparut. 27 Alors les serviteurs
Du propriétaire dirent : « Seigneur, horticulteur,
N'est-ce pas du bon grain que tu plantas dans ton champ ?
D'où lui vient donc l'ivraie ? » 28 « C'est un ennemi méchant
Qui a fait cela. » Leur dit-il. Les serviteurs
Lui dirent : « Veux-tu qu'on la ramasse » ? 29 Mais l'orateur
Leur dit : « Non, car vous risquez de déraciner
Le blé en la ramassant. 30 Faites s'avoisiner
Les deux, pour croître ensemble jusqu'à la récolte.
Au temps de la moisson je déclare ma révolte :
"Ramassez d'abord l'ivraie pour être brûlée
Après l'avoir enfermée en tas. Quant au blé,
Rassemblez-le plein et intact dans mon grenier.
Du feu, des vers, il ne sera pas le gibier." »

La Reine du Ciel et Les Métallurgistes

Actes 19 : 21 – 41 ; 2 Timothée 4 : 14 – 15

Bien que Paul ait toujours cité ceux qui le contredisaient avec un accent de tristesse, on ne le trouve jamais les condamnant ou leur refusant le pardon comme il l'a fait pour Alexandre le Métallurgiste. (*2 Timothée* 4 : 14)

Vivant dans l'univers imaginaire du mal,
Alexandre ne respirait que charges pénales

Dont il voulait inculper Paul, le disciple
Bienheureux. Leur liaison, grâce aux périples

Communs, s'avérait des plus dangereuses. D'Éphèse,
Paul fut sauvé de l'émeute fomentée, par niaise

Dispute de la part d'Alexandre le fondeur :
« Ce séditieux met à nu de Diane la hideur.

Notre métier, le temple d'Artémis, statues,
La reine du ciel, sont menacés par ce têtu ».

Alexandre, tu adores l'argent. Ta conscience
Trop résiliée n'hésite pas devant les instances

Du meurtre, des complots, des attentats funestes ;
Tu méprises la raison, l'histoire, les lois célestes,

Et ne tiens compte que du gain momentané.
Pour lui tu voles, condamnes, produis de spontanées

Preuves de faux témoignages contre tes frères de race.
Tu leur imputes les parjures, tu promets, menaces,

Frappes d'interdit et inventes de longs discours ;
Ta voix comme une cymbale ne contient point d'amour.

Elle résonne dans la terreur, rappelle l'esclavage ;
Les rites, les traditions humaines comme le lavage

Avant le repas, le déshonneur des parents.
Tu as rendu de simples concepts aberrants.

Tu as voulu profaner la prédication ;
Et semer les divisions entre les nations.

Aussi Saint Paul a voulu t'en tenir rigueur ;
Et réclama tes comptes, malgré son grand cœur.

L'Écrivain des Siècles

Jean 8 : 6 – 8

Seigneur Jésus, merci de nous faire détecter
Le mensonge que tu ne sais pas la vérité.
Aussi que tu ne fus jamais un écrivain
Pour nier que tu es authentiquement divin.
N'est divin que toi, Seigneur Jésus, n'en déplaise
À ces propagateurs d'inventions fausses et niaises.
Tu es l'Écrivain des siècles ; qui a écrit,
Inspiré, dicté la Bible sauf ton Esprit ?
Qui a appris ce qu'ils devaient écrire aux hommes
Saints qui sont tes prophètes ? Et à David ses psaumes ?
Qui a écrit par terre des mots si mystérieux,
Que ceux qui les virent, à commencer par les vieux,
Se détournèrent de leur dessein de lapider
La femme, ayant lu leurs péchés élucidés ?
Illumine l'esprit des renégats épaissi
Par la haine. La lumière ne peut être obscurcie.

Celui Qui M'Aime… Je L'Aimerai Et Je Me Manifesterai À Lui

Jean 14 : 21

Seigneur Jésus, j'ai bien confiance que tu agis
Pour moi, de même pour tous ceux qui te glorifient.
Nous ne courons pas derrière des mots corrompus,
Des idées que nous n'aurions auparavant pu
Examiner nous-mêmes et en faire l'expérience.
Nos recommandations sont pleines de bienveillance,
Car c'est ton propre cœur qui bat dans nos poumons ;
C'est toi qui transparais à travers nos sermons.

Le Juge Inique : Prière Pour L'Éducation Publique et L'Enfance (I)

Luc 18 : 1 – 8

Jésus, je ne suis pas digne de m'abaisser
Jusqu'à la poussière de tes pieds pour l'embrasser.

La terre où tu as marché, transportée au ciel,
Devenue l'image de la ville nouvelle, réelle ;

De la Jérusalem céleste et éternelle,
Comment moi, pauvre, me promènerais-je en elle ?

Que ne subirais-je pas plutôt le châtiment
À la place d'autrui ? Car le jour du jugement

Vient si vite, comme un voleur, rapide et agile ;
Le mal est si fort et nos natures si fragiles !

Fais pleuvoir abondamment, Seigneur, l'instruction ;
Ouvre des domaines, envoie tes bénédictions.

Ceux qui empêchent les enfants de venir à toi,
Ne les laisse pas faire, fais-leur entendre ta voix.

Ceux qui se moquent et ceux qui se choquent par la croix,
Qui veulent que ton royaume soit de ce monde sans foi

Ni loi ! Dis-leur comme ce juge à la veuve têtue :
« Même si je ne crains pas Dieu et me suis fichu

Toujours des hommes, je lui rendrai justice enfin
Pour qu'elle n'ait plus à revenir ainsi sans fin

M'importuner avec une cause par trop facile » !
Dis-leur comme lui pour elle, « je me ferai docile

Et l'exaucerai sur le champ. » Ainsi chacun
Obtient les désirs de son cœur. Prends-nous en main

Exauce-nous encore plus lentement que ce juge
De l'injustice. Car les péchés lors du déluge

Étaient pareils aux nôtres, aujourd'hui encore.
Priver de toi l'enfance pour corrompre son corps,

C'est encore pire que les génocides, les pires crimes ;
Te faire ignorer par la terreur de l'abîme,

De l'exclusion sociale, dans les milieux scolaires ;
C'est se révolter contre le cycle solaire !

Et que celui qui a des oreilles qu'il entende.
Qu'il légitimise ! Que ta lumière il répande !

Viols Impudiques : Prière pour L'Éducation Publique et L'Enfance (II)

Matthieu 18 : 6

Dieu de l'enfance, tu es le seul propriétaire
De l'âme humaine, avec le Saint Esprit, le Père ;

C'est toi le créateur de toutes choses, tu as fait
En sorte que l'univers créé soit parfait.

Tu ne t'attends pas à tirer ta dignité
De louanges, veilles, chants, prières de l'humanité ;

Ni même des anges ni d'aucune autre créature.
Si le salut en toi s'exprime par la peinture,

La musique, les messes, les œuvres charitables,
La foi, l'humilité sage, douce, véritable ;

Ce n'est pas pour autant que l'entrée au Royaume
Des Cieux est garantie ; si la chute d'un seul môme

Par moi est causée, je devrai faire mes adieux
À l'espoir, au tribunal des hommes et de Dieu.

Veillons donc aux dons de chasteté, de piété,
S'il nous faut instruire des enfants ou les traiter.

Veille Stratégique : Prière pour l'Éducation Publique et l'Enfance (III)

Mathieu 18 : 6

Seigneur Jésus, j'ai besoin de voir ton règne.
Que ton amour m'abrite sous son enseigne.

Tu fais tant de bonnes choses pour moi, je ne connais
Rien que je désire, que tu ne me l'aies donné.

Aide-moi à catégoriser ces bonnes leçons
De catéchisme pour glorifier ton saint Nom.

Aide-moi à mépriser ma personne pour pouvoir
Me diminuer et faire augmenter ta gloire.

Aide-moi à vraiment m'humilier pour t'exalter,
Mon but est que le monde vienne à te respecter.

Tu ne laisses jamais tomber tous ceux qui t'appellent
Au secours. C'est en réalité ton appel

Auquel ils n'avaient jamais encore répondu ;
Comme Saul ils distinguent ta voix qu'ils ont entendue.

Je t'attends Seigneur, veille avec moi sur mon cœur ;
Il me faut être enfant pour saisir le bonheur.

Non pas enfant dans le mal, pour ne le subir
Que selon ta volonté ; mais enfant pour fuir

Du mal et ne pas y résister. Car l'enfance
Est l'aptitude naturelle à la vraie confiance.

La foi des enfants est pure, forte et sincère.
C'est pourquoi ils ne sont jamais atteints d'ulcères.

Ils sont prompts à accueillir, à aimer, à croire.
Mais rien n'est plus facile que de les faire déchoir.

D'où l'inexistence du pardon pour les viols
Des enfants, voire n'importe quelle abusive parole

Contre le bien-être de leur santé morale.
Malheur à ceux qui causent leur chute ou leur scandale.

Contre l'Esprit Saint, il est impardonnable
De blasphémer ; il est donc indubitable

Que le péché contre l'enfance a une pareille
Punition irrévocable ; que l'on y veille.

Écrasons les Poisons de la Déraison

Mathieu 10 : 1

Mon Dieu chéri, mon Jésus Christ, comme j'ai besoin
De Toi ! Ne me quitte pas ; applique sur moi tes soins.

Je suis blessée, mon âme est brisée et en proie
Aux tourments de l'injure ! Qu'est-ce ? Je perdrais ma foi

Pour des comportements hypocrites ? Ne permets
Pas aux filets de la haine sordide d'entamer

Une brèche dans mon cœur qui cherche ta satisfaction,
Ta gloire, ta joie, ta paix et ta bénédiction.

Pardonne à mes offenseurs et à mes ennemis ;
Fortifie mon amour pour couvrir l'infamie,

Pour marcher tout droit sur les sentiers épineux ;
Puisque sur toute la force des poisons venimeux

Tu nous as rendus souverains pour l'écraser,
Et nous autorisas à la neutraliser.

Vraiment, de t'obéir n'est pas si difficile,
À l'intérieur même de ta loi d'amour docile,

Divin, indulgent, péremptoire et supérieur ;
Se trouve la voie à suivre menant aux demeures

Éternelles et temporelles que le Père nous fit,
Pourvu que l'on triomphe sur tous les défis.

Couronne D’Épines Divine

Colossiens 3 : 1 – 4

Vie du cœur, vie sensorielle, charmante, vie tout court !
Couronne d’épines divine, tu es née de l’amour.

Voile invisible : quand vas-tu te déchirer ?
Épiphanie : ton prince de paix, viens restorer.

Écorces triées des épis : voici le blé.
Rien n’en sera perdu, dispersé ni brûlé.

Votre vie est voilée avec le Christ en Dieu.
Déménagez, voyagez au Royaume des Cieux.

Seigneur Jésus, je veux chanter avec ton Saint
Paul : « regardez là-haut, là où le Saint des saints

Est assis à la droite de Dieu. Ne vous souciez
Pas de ce qui est sur la terre, mais appréciez

Ce qui est dans les cieux, car vous êtes baptisés,
Vous êtes morts, et votre vie est déguisée

En sainteté éternelle, en fraternité
Amicale avec tous les saints qui habitaient

La terre un jour comme vous mais simultanément,
Habitaient aussi le Royaume des Cieux, s’armant

De la foi en Jésus, l’homme qui a vu le Père,
Le Fils égal de Dieu qui a pris notre chair

Et vint nous ressembler en tout sauf en péché,
Notre vie est avec lui désormais cachée ».

Notre rassemblement est en lui bienvenu,
Béni, vêtu de sa gloire et de ses vertus.

Conseil Athanasien

Deutéronome 5 : 18 ; Exode 20 : 14

Renier ou confesser le Seigneur de gloire
Qui nous a appelés aux joies de sa victoire

Et de sa résurrection ; n'est pas une pratique
De la parole exclusive. Un tel acte s'applique

Surtout par sa volonté que nous préférons
À la nôtre. Car tous les blasphèmes nous seront

Pardonnés, excepté celui contre l'Esprit
Saint. Qui m'a créé ? Dans le sein, qui m'a pétri ?

C'est Celui qui m'a dit : « Va-t'en de l'adultère » !
À cet ordre le diable et ses anges protestèrent.

Le Seigneur met à l'épreuve notre obéissance ;
« Bien-aimés, il faut que nous fassions pénitence. »

Nous dit notre père Athanase le bienheureux,
Pour gagner notre âme sur la terre et dans les cieux.

L'École du Christ

Mathieu 11 : 28 – 30 ; Jean 15 : 7

Le temps de l'apprentissage est beaucoup trop court ;
La mise en pratique, par contre, est vie d'amour.

Il faut s'exercer aux vertus que le Seigneur
Nous ordonne : « car je suis doux et humble de cœur ;

Imitez-moi et mettez-vous à mon école.
Que demeurent en vous éternellement mes paroles ».

Quand Jésus Viendra

Jean 14 : 3 ; II Thessaloniciens 1 : 10 ; Marc 8 : 38 ; 13 : 35 ; Matthieu 16 : 27 ; 25 : 31 ; Luc 9 : 26 ; 12 : 36

Seigneur Jésus, que m'importe ce monde passager ?
Que m'importent les richesses, les poètes, les bergers,

Les démagogues, les chefs, les présidents, les rois ?
Que m'importe la terre s'il faut y vivre sans toi ?

Moi je cherche ta joie et ta paix ; ton amour
Seul m'est indispensable pour finir le cours

De mon existence éphémère. Tu reviendras
Bientôt réclamer les tiens, dans de mauvais draps

Soient-ils ou entre de bonnes mains ; ayant l'honneur
Humain méprisé ; ta gloire exalté ; ton cœur
Satisfait.

La Création Témoigne du Créateur

Apocalypse 2 : 10 ; Matthieu 8 : 26 – 27 ; Marc 4 : 37 – 41 ; Luc 8 : 23 – 25 ; Esaïe 6 : 1 – 3 ; Colossiens 3 : 1 ; Jean 15 : 1

Le Seigneur est l'ami des Saints ; Il les connaît
Par leurs noms, personnellement ; ils sont de Lui nés.
Leur vie est en Lui, de Lui, par Lui et pour Lui.
Leur amour comme Lui pardonne ; à personne ne nuit.
À travers leurs vives souffrances ils ont triomphé ;
Leur sont réservés aux cieux couronnes et trophées.

Le Seigneur appelle les pécheurs, les malheureux,
Les justes, les pauvres, les riches, les bienheureux ;
N'est-il pas venu pour le monde, la race humaine,
Divisée, défavorisée ou bien sereine ?
Il a voulu unir à sa lumière suprême
Les aveugles, les clairvoyants, tous ceux qui s'aiment.

Le Seigneur est glorifié par les animaux,
Par les fleurs, les arbres, et le chant des oiseaux.
La mer et les océans exaltent son Nom ;
S'ils se déchaînent, il suffit qu'Il leur dise : « Non » !
Toute sa création obéit, Lui est soumise ;
La liberté humaine, c'est Lui qui l'a permise.

Le Seigneur est assis sur son trône entouré
Par ses Saints et ses anges ; Il veut nous libérer,
Quand nous sommes submergés par différentes épreuves,
Il entend nos cris : « Au secours ! », nous donne la preuve
Que c'est seulement Lui qui sauve ; et que de sa main,
Nul ne peut voler, qu'il soit prêtre ou souverain.

Le Seigneur donne à son Église tout le pouvoir
Sur la terre pour proclamer son règne et sa gloire.
Aussi est-elle debout devant Sa Majesté ;
Ses lumières ne sont pas par le monde acceptées
Bien souvent ; pourtant elle reçoit tous ceux qui viennent
À elle assoiffés ; les nourrit de joie Chrétienne.

Le Seigneur a fondé son Église sur la pierre,
Il lui a donné à manger sa propre chair
Et à boire son propre sang. Il est la Vigne
Véritable et elle est la branche. Nulle maligne
Entreprise ne saurait du tout triompher d'elle ;
Elle fut conçue dans le temps pour être éternelle.

L'Amour À La Lumière D'Une Chandelle

Luc 9 : 62 ; Philippiens 3 : 14 ; I Jean 2 : 10

Être seul avec le Christ, tout chrétien a su
L'expérimenter. Le christianisme est conçu

Dans un cadre religieux, et non politique ;
Missionnaires et moines, soustraits à toute polémique,

Présentèrent le fruit de leur sainteté à Dieu ;
Aussi furent-ils admis dans le Royaume des cieux.

Quiconque met sa main à la charrue, en arrière
Ne se retourne pas, mais avance d'un pas fier.

Quiconque aime Dieu ne trébuche pas car la lumière
Guide ses pas, il sait où il va, il aime les frères ;

La haine lui est étrangère, elle qui cause les guerres,
Disperse les enfants et assassine leurs mères.

DONNE-NOUS Ta Paix I

Exode 14 : 14

Seigneur Jésus, à cause de la mer agitée ;
Des attaques, des menaces, contre la liberté ;
Donne-nous ta paix.

À cause de l'injustice flagrante, manifestée
Contre tes enfants humiliés, persécutés ;
Donne-nous ta paix.

À cause des lumières captives de l'obscurité,
Des chants qui se sont tus chez les communautés ;
Donne-nous ta paix.

À cause des veuves, de leur misère et pauvreté,
Des orphelins que nul ne cherche à adopter ;
Donne-nous ta paix.

À cause des suicides et des guerres, des rejetés
Et des sans-abris ; et des enfants maltraités :
Donne-nous ta paix.

À cause des maris que leurs femmes ont désertés,
À cause de la puissance de la méchanceté ;
Donne-nous ta paix.

À cause des enfants violés par leur parenté,
À cause du cynisme sans cesse exécuté ;
Donne-nous ta paix.

À cause des oreilles qui ont le mal écouté,
À cause des yeux qui l'ont vu croître et augmenter ;
Donne-nous la paix.

À cause de l'espoir en ton infinie bonté,
À cause de la foi en ta souveraineté ;
Donne-nous ta paix.

À cause de ton règne donc, que Ta Majesté
Prenne en main les souffrances de l'humanité ;
Donne-nous ta paix.

À cause de ton conseil, de ta promesse : « Restez
Coi ; le Seigneur en votre faveur va lutter » !
Donne-nous ta paix.

À cause de tes élus, de leur sincérité ;
À cause de ceux qui ne vivent que pour t'exalter ;
Donne-nous ta paix.

À cause de ton amour et de ta sainteté,
À cause de notre aspiration à la pureté ;
Donne-nous ta paix.

À cause des maladies et des infirmités,
À cause du désespoir qui sait tant rebuter ;
Donne-nous ta paix.

À cause de nos efforts trop souvent avortés,
De notre grand courage à quand même persister ;
Donne-nous ta paix.

À cause de ceux qui se taisent une fois déportés,
À cause de leurs prières que nul n'a répétées ;
Donne-nous ta paix.

À cause des enfants sages qu'on a exécutés,
À cause de leur intelligence tant redoutée ;
Donne-nous ta paix.

À cause des nombreux pièges où nous avons chuté,
Et de leur souvenir qui revient nous hanter ;
Donne-nous ta paix.

À cause de ceux qui ne se sont pas révoltés,
Mais sans pour autant le statu quo accepter ;
Donne-nous la paix.

À cause de notre vœu de solidarité,
Et de notre désir de faire ta volonté ;
Donne-nous la paix.

À cause du mauvais accueil fait aux vérités,
À cause de l'orgueil mêlé à l'humilité ;
Donne-nous ta paix.

À cause de la peur, déguisée en lâcheté,
De l'égoïsme habillé en témérité ;
Donne-nous ta paix.

À cause de notre attente mais sans plus patienter,
Quand sera le temps que toi seul peux arrêter ?
Donne-nous la paix.

À cause de notre ignorance quand tu visitais,
De ta présence dont nous fûmes tellement embêtés ;

Donne-nous ta paix.

À cause de ta douceur, de notre dureté,
À cause de ta richesse, de notre pauvreté ;
Donne-nous ta paix.

À cause de ta force, de notre débilité,
De ta grâce que nous n'aurions pas dû mériter ;
Donne-nous la paix.

Seigneur Jésus Christ, le Dieu de la liberté,
Écoute ; selon la grandeur de Ta Majesté :
Donne-nous ta paix.

DONNE-NOUS Ta Paix II

Philippiens 4 : 7

Seigneur Jésus, je te prie pour la paix donnée
Par ta promesse. La paix des péchés pardonnés ;
La paix de l'Église ; la paix de ta connaissance
Qui surpasse la compréhension, l'intelligence
Et la raison. Oui, la paix de la foi en toi,
Celle dont le monde ignore l'éthique, méprise la loi.
Celle que le monde interprète comme étant paresse.
Le sommeil ne délivre pas de la détresse
Pourtant, ce n'est qu'un faux repos. La nourriture
Qui fortifie la foi, qui de la pourriture
Ne participe jamais ; est meilleure pour le cœur
Que celle qui périt, puisque ceux qui en mangent meurent.
C'est toi la fin de la loi, la fin des projets,
Le commencement de tout et le bon berger.
C'est toi le seul secours au milieu des dangers,
Tu n'as jamais forcé personne à te manger,
Or le monde ne veut connaître que la puissance
Du profit, tandis qu'il est témoin d'ignorances,
D'impardonnables négligences, il croise les bras,
Spécule le comportement des souris, des rats,
Des chiens, des chats, d'autres domestiques animaux ;
Ignorant les pauvres opprimés et leurs maux.

DONNE-NOUS Ta Paix III

Apocalypse 12 : 10

Seigneur Jésus, la Parole du Père, sa sagesse
Créatrice ; Parole sage ; Sagesse parlée sans cesse

À travers les âges ; et incarnée dans un corps,
Dans la plénitude du temps, tu viendras encore

Juger les vivants et les morts. Entre prophètes,
Rois, anges, grands de la terre ; ton règne est à la tête

De l'armée de la paix nouvelle par toi fondée ;
Dans laquelle tes saints ne cessent de te demander :

« Quand sera la fin et quand rendras-tu justice ?
Jusqu'à quand les plaintes contre nos frères de service » ?

Ton armée composée de tes saints disciples,
Dûment protégée par un Commandant triple ;

Se tient au garde à vous, les oreilles aux aguets :
« Demeurez dans mon arche, je vais la larguer

Bientôt ».

DONNE-NOUS Ta Paix IV

Matthieu 5 : 45

Seigneur Jésus, merci pour ta bonté envers
Les méchants et les bons. Ta paix dépasse de loin
Notre compréhension. À tort et à travers :
Mots, actes, vanités ; satisfont nos besoins.

Parfois l'on s'égare, l'on tourne en rond ; le chemin
Nous semble trop long, impraticable, trop dur ;
Inconscients de notre vision du lendemain
L'on ne voit que voleurs, adultères et parjures.

Ne permets pas, Seigneur, en des moments pareils ;
Que notre âme torturée périsse dans le Jugement.
Car bâtir sur le sable ou avec de la paille,
N'est-ce pas là déchéance et comble d'égarement ?

Pour notre salut, veuilles qu'on tourne notre dos
À la vanité de nos propres illusions.
Puisque tu allèges la lourdeur de nos fardeaux,
Ta grâce nous sauve ; peu importe ce que nous faisions.

L'écorce, à laquelle on attache tant d'importance,
Sera brûlée au feu ; pourtant elle nous protège
Contre les loups voraces, contre l'impertinence ;
Jusqu'au jour où nous nous joindrons à ton cortège.

Protège l'humanité, Dieu, selon ta promesse.
Donne-nous ta paix supérieure à la raison.
Accompagne-nous dans la peine et l'allégresse,
Et fais ta demeure dans chacune de nos maisons.

DONNE-NOUS Ta Paix V

Proverbes 11 : 26

Donne-nous ta paix, Dieu, que tes bonnes provisions
Soient réalisées ; sans guerres et sans divisions.
Que la multitude aspirant à ton Royaume
Et à ta justice professe ta foi et ne chôme
Plus par la peur, la méchanceté et l'orgueil ;
Qui conduisent à l'égarement ; debout sur le seuil,
Mais pour bloquer l'entrée plutôt que souhaiter
La bienvenue à ceux avides de vérité,
De liberté, de ta connaissance ; ayant faim
Et soif de ta miséricorde qui n'a qu'une fin,
Le salut dans la connaissance et la pratique
De ta parole de vérité. Le schismatique
Essayant d'en entraver l'accès est sans clés ;
Contrairement à son mensonge, il enlève le blé
De sur le marché. Fais prospérer tes enfants
Selon ta promesse ; en Toi ils sont triomphants.
Viens toi-même exalter, bénir et corriger
L'idée erronée répandue sur tes bergers,
Les moines du désert ; et sur le monachisme,
Tant réprouvé par les amateurs de schismes.

DONNE-NOUS Ta Paix VI

Genèse 2 : 7

Depuis longtemps déjà tu nous ouvres les bras,
Et nous nous enfuyons de ce qui nous barra

La route. Mais fuir, n'est-ce pas ignorer où l'on va ?
Et parvenir, n'est-ce pas le concret du combat ?

En paix, le goût du sommeil n'est-il pas meilleur ?
En guerre, chaque geste n'entraîne-t-il pas le malheur ?

L'enfant pour qui l'ombre représentait la peur,
N'avait-il pas soif de plus d'une simple vapeur ?

La guerre des peuples ne finit-elle donc jamais ?
La paix existe-t-elle pour ceux qui ont aimé ?

Comment les soulager ? Comment les consoler ?
Les nourrit-on de pain au lieu de simple lait ?

La guerre ou la paix, quand l'amour n'est pas présent,
Même l'absence est vêtue d'un rayon reluisant.

Et puis les départs, les voyages, les cieux, la pluie,
Les jours, les nuits, les veilles, les amis, les appuis,

Les pénibles adieux de la séparation ;
Et l'interminable point d'interrogation

Qui vient s'accrocher à nos questions sans réponse ;
Au centre-ville, en mer ou au milieu des ronces :

« Nous donneras-tu ta paix, Dieu, chère et précieuse ?
Anéantiras-tu la terreur pernicieuse ?

Jusqu'à quand nous ouvrira les bras ta patience ?
Qui comme toi prend pitié des humains la souffrance ?

Qui comme toi possède le pouvoir et toute la science ?
Qui comme toi n'a jamais agi par négligence ?

Qui comme toi suscite l'amour de la repentance ?
Qui comme toi illumine par son incandescence ?

Qui comme toi est égal au démiurge en substance ?
Qui comme toi a soufflé en l'homme sa propre essence » ?

Donne-nous la Paix VII

Jean 16 : 14

Donne-nous la paix, Seigneur Jésus ; toi le prince
De la paix, du temps, de l'espace, de toutes provinces.
Seigneur Dieu, nous voulons tout oublier. Rappelle-
Nous seulement de ta présence. Nous sommes ta chapelle.
Nous sommes ton temple saint car ton Esprit demeure
En nous. Il te glorifie, montre la meilleure
Mémoire à garder, et met ta joie à l'abri
Des indiscrets qui n'auront jamais rien appris
Quand ils étudieront les secrets de sagesse
Et de savoir ; avec le péché ils régressent,
Plutôt que d'avancer ; car ton Esprit demeure
Seulement dans les âmes justes espérant ton bonheur,
Pour elles-mêmes et pour autrui. Prends commandement
De notre vie spirituelle, physique ; charmant
Prince de la paix, notre époux, notre grand amour.
Ne nous quitte jamais, Dieu, ni de nuit ni de jour.
Dès maintenant beaucoup d'anti-Christ sont présents ;
Ils veulent déformer par leurs propos médisants
Ta doctrine d'amour, de sainteté, sans laquelle
Personne ne verra Dieu ; ils attisent les querelles,
Ne sèment que divisions ; pour établir une foi
Qui leur est propre, mais ne relève pas de toi.
Ils infligent la servitude au peuple qui t'aime ;
Ils foulent tes miracles, ne profèrent que blasphèmes ;
Et ne cherchent que la gloire qui provient des hommes.
Loth a connu la même expérience à Sodome,
Parmi les adultères, son âme à la torture
Ne pouvait guère croître au milieu de cette culture
Satanique de ronces et d'épines qui l'étouffaient.
Mais tu nous as recommandés d'être parfaits,
À l'exemple de notre Père qui fait pleuvoir
Et lever son soleil sur ceux qui aiment le voir,
Qui sont purs de cœur ; et sur ceux qui sont méchants,
Qui ne savent que le haïr ; arrosant son champ
D'une eau de feu, de napalm, d'armes nucléaires ;
Pour soustraire la terre à sa force autoritaire ;
En la détruisant, en la dotant du néant,
Et en massacrant ses habitants innocents.
Donne-nous la paix, Seigneur Jésus, toi le prince
De la paix, du temps, de l'espace, de toutes provinces.

DONNE-NOUS la Paix VIII

Esaïe 9 : 6

Combien d'idées faut-il taire, de lignes extraire,
De rayons de lumière ignorer et d'artères
Bloquer avant de saigner la vigne et l'agneau ?
Rien ne se perd mais tout se transforme en anneau,
Rien ne se crée mais tout change en très lourdes chaînes.
Lavoisier a su comprendre et les rendre saines
Les lois naturelles de la science pour les chercheurs.
Quand l'industrie dans le monde et les producteurs
S'occuperont-ils finalement de fabriquer
De la nourriture pour ceux qui en ont manqué ?
Dont les chefs se font revendre des armements
Qui les aident à mieux camoufler leurs faux serments ?
Quand les fruits de la paix seront-ils mis en acte ?
Quand ferons-nous à leur lumière de nouveaux pactes ?
Quand l'anneau de l'alliance voudra-t-il dire : « Respect » ?
Quand lui cèderont les chaînes qui entravent la paix ?
Un jour viendra où les dirigeants fonderont
Des institutions humaines qui assureront
Du pain et de l'eau pour les pauvres qui se meurent
De faim et de soif et dont les faibles clameurs
Se sont tues avant de parvenir aux oreilles
Des dieux de vanité qui sont sous le soleil.
Donne-nous la paix, Dieu, toi qui en es le prince ;
Que ton jour ne soit pas de pleurs où les dents grincent.
Mais plutôt de gloire, de victoire et de vertu ;
Jour de lumière où l'amour va chanter à tue-
Tête : « Venez, les bénis de mon Père, héritez
Du Règne fait pour vous depuis l'éternité.
Car j'ai eu faim et vous m'avez si bien nourri,
Vous avez soigné mon âme et mon corps meurtris ;
Vos prières ont délié mes chaînes de prisonnier ;
Vous n'avez pas eu honte de mon amitié ».
Donne-nous la paix Seigneur, que nos intentions
Se poursuivent en industries pour la nutrition.
Que rien n'entrave nos travaux pour ces êtres frêles
Qu'il nous fasse sacrifier quelque voiture nouvelle
Ou peut-être les vacances au bord de la mer ;
Secourons les orphelins, les veuves et les mères.
Donne-nous le courage d'affronter les défis
Si l'on protestait : « Quel est pour nous le profit » ?
Ne permets pas que s'évanouisse en désespoir
Ce que les objecteurs estiment trop dérisoire.

Traditions Coptes

Matthieu 5 : 45 – 47

Objections s'élèvent : « pourquoi citer les saints morts
Dans la messe copte ? Pourquoi l'Église vénère leurs corps ?
Pourquoi visiter des malades, des prisonniers,
Dont nul ne peut bénéficier de l'amitié ?
Pourquoi aimer ces ennemis qui nous persécutent ?
Comment leur faire du bien ? Le mal ils répercutent !
Comment bénir ceux qui se plaisent à nous maudire ?
Pour ceux qui nous nuisent et nous chassent, que faut-il dire
Dans nos prières pour eux ? Dieu qu'il est difficile
D'être chrétien ! Comment être à ce point docile ?
Que faire pour exécuter ces commandements ?
Le temps est un éclair ; la vie un court moment !
À peine la naissance, ensuite survient l'enterrement,
Des joies, des souffrances, de l'amour, des châtiments ;
Sont l'héritage de tous les humains. Quel espoir
Donner à ceux qui ne veulent pas nous recevoir » ?
Halte là, esprit du doute. As-tu entendu
L'excellente sagesse que le Sauveur a rendue
Claire comme le jour et lumineuse comme le soleil
Qu'il fait lever sur les méchants, les bons, pareil ?
Nos amis qui nous aiment tout autant, quel profit
À les aimer quand leur récompense nous suffit ?
Les pécheurs, eux aussi, n'aiment-ils pas les impies ?
Si l'amour ne pardonne, quel mal est-ce qu'il expie ?
Quel mérite y a-t-il à ne s'aimer qu'entre amis ?
N'est-ce pas tout ordinaire de haïr ses ennemis ?
Et ces salutations prodiguées aux passants
Qui nous les rendent, aux bien aimés frères de sang,
Quelle valeur ont-elles ajouté à notre amour
Pour Dieu ? Ne salue-t-on pas par routine toujours ?
Et ceux qui reçoivent de notre part le salut
Par écrit, ne nous font-ils pas, dès qu'ils l'ont lu
Des compliments, des révérences, des privilèges ;
Qui nous rendent plus humains et nos souffrances allègent ?
Tandis que ceux qui sont malades ou en prison,
Nul ne les salue ni leur ouvre sa maison ;
Quand on les voit marcher, courbés par leurs vieilles fautes ;
On prie aussitôt : « Mon Dieu, de notre vue ôte
Le spectacle de leur misère ; c'est un reproche
Qui offense notre bien-être à nous, et nos proches ».
Ensuite les morts que nous n'avons pas encore joints,
De les saluer on n'en voit jamais le besoin.

Le jour de leur décès, sacré à leur mémoire ;
Eux qui ont rendu à Dieu jour et nuit la gloire,
On les salue car l'incorruptibilité
De leur condition est pour nous une vérité.
Ils se réjouissent du souvenir en leur honneur
Organisé en fête, en messe, en grand bonheur.

Les Martyrs Chrétiens

Jude 4

Seigneur Jésus, aide-nous et soutiens nos efforts,
Nous exigeons le Royaume de Dieu, pas la mort

Pour nos ennemis mais la vie dans ta seule justice.
Que tes saints ne soient pas de la haine les complices.

Que ta colère ne s'enflamme pas contre nos torts,
Pardonne nos péchés, Dieu, et sauve-nous de la mort.

Nos besoins de toi, comme un bébé sa nourrice ;
Sont pour te servir avec foi, sans avarice.

Ton zèle est plus puissant que les rois les plus forts ;
Ta parole est pour nous le pain, la vie, le sort.

Quant aux martyrs chrétiens et tout ce qu'ils subissent,
Innocentés du fait de n'avoir pas de vices ;

Tu sais les consoler, tu sais les embrasser ;
Puisque ta justice ils n'ont jamais délaissée.

Les maux, les ruines des méchants, condamnés, sévissent ;
Impunis pour un temps, mais tôt ou tard périssent.

Les Martyrs Héros

Jean 15 : 5 ; Jacques 2 : 13

La Philosophie Chrétienne De L'Héroïsme

Le martyr chrétien est un témoin jusqu'à la fin de la vie du Christ. Il est témoin jusqu'à la fin de sa vie que la vie du Christ n'a pas de fin. Les premiers siècles de persécution farouche de l'ère chrétienne illustrent bien les prophéties de l'Ancien et du Nouveau Testament à propos de ceux qui suivent le Sauveur et qui doivent chaque jour, pour ce faire, porter leur croix. Toutefois, les martyrs chrétiens ont existé à toutes les époques, quoique cela fût plus ou moins manifeste et plus ou moins officiel à certaines périodes de l'histoire plus qu'à d'autres.

Le sacrifice contenu dans le comportement des martyrs chrétiens ne fait pas d'eux des victimes, ni des suicidaires, ni des criminels mais des héros ; comme on peut le constater en jetant un coup d'œil synthétique et historique sur leur cause commune unie dans la foi du Christ. Les martyrs chrétiens sont incomparables avec n'importe quels autres martyrs car le contraste est si grand entre la lumière et les ténèbres et quelle communion entre Christ et Bélial ?

Seigneur Jésus, tu as dit : « Sans moi, on ne peut
Rien faire. » Comme rien ne t'est impossible, je veux

Que tu sois avec moi. Toi, ma plus belle histoire
D'amour. Toi qui as porté mes péchés, déboires,

Manques, faiblesses, fautes, souffrances ; et m'en as délivré.
Tu me l'as d'ailleurs bien prouvé et démontré :

Ta miséricorde prévaut sur la justice.
Bienheureux ceux qui en payent le prix en supplice !

L'Arbre de la Connaissance du Bien et du Mal

Genèse 1 : 26 – 27 ; 2 : 9

L'arbre de la connaissance du bien et du mal
Au paradis d'Eden, fut créé comme signal
Pour que l'homme, créé à l'image du créateur,
Ne prenne pas plaisir à pervertir son saint cœur.
En effet, cette connaissance a vite séparé
L'homme de l'amour de la Sagesse ; accaparé
Par la connaissance dualiste. Confusion,
Séduction et orgueil aidèrent l'insoumission
À Dieu qui ordonna qu'une entière liberté
Fut octroyée à l'homme ; en plus, l'autorité.

Le Pasteur

Éphésiens 5 : 18 ; Ecclésiaste 7 : 2 – 4

Seigneur Jésus, ta gloire, ton honneur, ta vertu
Et ta mission ; sont l'enjeu de malentendus,

Il est vrai ; mais aussi une raison de vivre,
Une source d'eau qui assouvit et enivre

Des multitudes sans berger, sans jamais tarir.
Des millions pour ton Nom ont souffert le martyr,

Préférant aux joies du monde celles de ton Empire,
Et la maison du deuil plutôt que celle du rire.

Tu nous as dit : « Que celui qui veut me suivre,
Haïsse son âme et porte sa croix », dans ton Livre.

Tu sauves ceux qui se sacrifient pour ton salut,
Non pas le leur propre ; mais celui des élus.

Le Festin Chez Zachée, le Quadruple du Triché et le Pardon des Péchés

Évangile de Saint Luc 19 : 1 – 28

1 En traversant, Jésus passa par Jéricho.
2 Un certain Zachée, chef des collecteurs d'impôts,
Homme riche, connu pour sa grande fortune, s'y trouvait.
3 Il demanda de le voir, mais ne le pouvait
À cause de la foule, car il était trop petit
De taille. Il voulait savoir quand même, Jésus, qui
Il était ? 4 Il courut donc pour les devancer,
Escalada un sycomore pour voir passer
Jésus. 5 Quand ils vinrent en vue de ce lieu précis,
Jésus regarda en haut, vit Zachée assis
Sur l'arbre. Il lui dit : « Zachée, dépêche-toi vite
De descendre. Car c'est chez toi que je m'invite
Aujourd'hui. » 6 Il descendit donc en toute vitesse
Et l'accueillit dans une joie semblable à l'ivresse.
7 En s'en apercevant, les gens émirent murmures
Et chuchotements : « Il honore d'un pécheur les murs ! »
8 Zachée se mit debout et proclama : « Seigneur,
Désormais la moitié de mes biens, en faveur
Des pauvres sera partagée. Si j'ai fait tort
À quelqu'un, je lui rends quatre fois plus encore
Ce que je lui dois. » 9 Jésus leur dit : « Le salut
Se produisit aujourd'hui pour cet homme élu
Et pour sa maison. Car il est aussi le fils
D'Abraham. 10 D'ailleurs, c'est sous ses propres auspices
Que le Fils de l'Homme est venu pour demander
Et sauver ce qui fut un jour dévergondé,
Corrompu et perverti. » 11 Pendant ce festin
Chez Zachée, il leur redit en proverbe, certain
Qu'ils se méprenaient tous sur le Royaume de Dieu,
Surtout qu'ils croyaient qu'il surgirait au temps même
De son entrée solennelle à Jérusalem.
12 « Voilà qu'un homme de haute naissance dut voyager
Dans un pays lointain ; il devait s'arranger
Pour recevoir l'onction qui l'investirait roi.
Puis il devait rentrer 13 et c'est en foi de quoi
Il appela dix hommes parmi ses serviteurs
Et leur donna dix mines : « Soyez des bienfaiteurs,
Faites du commerce jusqu'à ce que moi, je revienne. »
14 quant à ses concitoyens et concitoyennes,
Ils le haïssaient tant qu'ils envoyèrent derrière
Lui une ambassade en disant leur claire prière :

« Nous ne voulons pas que cet homme règne sur nous. »
[15] Quand il revint après avoir pris malgré tout
La royauté, il ordonna qu'on lui appelle
Ces serviteurs en qui il avait mis une telle
Confiance et auxquels il avait donné l'argent
Pour savoir quel commerce avait fait chaque agent.
[16] Le premier vint et dit : « Seigneur, elle a produit
Dix mines, la mine que tu m'avais confiée. » [17] « Mais oui,
Tu es un bon esclave. Parce que tu fus honnête
En si peu, aie l'autorité et sois en tête
De dix villes. » [18] Le second vint en disant : « Seigneur,
Ta mine a gagné cinq mines. » [19] Cet autre vendeur
Reçut la même félicitation : « Et toi, sois
Sur cinq villes. » [20] Puis un autre vint : « Seigneur, reçois
Ta mine. Je l'ai gardée chez moi dans un mouchoir.
[21] Car j'avais peur de toi, puisqu'à l'aléatoire
Tu agis ; étant un homme bien plutôt sévère.
Tu t'appropries ce que tu n'as déposé guère,
Et tu récoltes ce que tu n'as point semé. »
[22] Il lui dit : « c'est de ta bouche, de ton propre gré,
Que je te condamne, ô serviteur si méchant :
Tu savais que je prends au-delà de mon champ
Ce que je n'ai guère planté et que je récolte
Ce que je n'ai point déposé, mais ma révolte,
Par conséquent, tu aurais bien dû la savoir.
[23] Pourquoi n'as-tu pas déposé sur le comptoir
Des banquiers mon argent ? À mon retour, j'aurais
Profité d'un intérêt. [24] Assez ! Emparez-
Vous de sa mine, donnez-la au propriétaire
Des dix. » [25] On lui dit : « Seigneur, que va-t-il en faire ?
Il en a déjà dix ! » [26] « Je vous révèle la cause :
Chacun qui a, il lui est donné plus de choses.
Mais qui n'a pas, même ce qu'il a est confisqué.
[27] Quant à mes ennemis qui pensaient me faire manquer
D'honneur, ne voulaient pas que je règne sur eux ;
Amenez-les ici, égorgez-les sous mes yeux ».
[28] Quand il eut ainsi parlé, Jésus s'en alla
De chez Zachée. Il s'avança et remonta
À Jérusalem.

Le Soleil De Justice

Psaume 146 : 7 – 9

Le Seigneur juge en faveur des gens opprimés.
Le Seigneur rassasie les manques des affamés.

Le Seigneur libère les prisonniers de leurs chaînes.
Il ouvre les yeux des aveugles et il les mène.

Le Seigneur relève ceux qui, courbés, sont tombés.
Il aime les justes et il protège les étrangers.

Le Seigneur favorise la veuve et l'orphelin ;
Il détourne les méchants impies de leurs chemins.

Le Seigneur est Fidèle, Son Amour Est Éternel et Sa Protection Réelle

Psaume de David 118 : 1 – 10

1 Rendez grâces au Seigneur, à cause de sa bonté,
À cause de son amour qui dure l'éternité.

2 Qu'Israël le dise : « Son amour est éternel ! »
3 Prêtres, fils d'Aaron : « Son amour est éternel ! »

4 Tous ceux qui l'adorent : « Son amour est éternel ! »
5 Dans ma détresse, au Seigneur, j'ai lancé l'appel :

Il m'a répondu, du large, il m'a libéré.
6 Le Seigneur est pour moi, qu'est-ce que l'homme me ferait ?

7 Le Seigneur est parmi ceux qui m'aident, pour que moi
Je puisse voir mes ennemis sans qu'ils ne me voient.

8 La dépendance vis-à-vis de la protection
Du Seigneur, vaut mieux que des hommes la subjection !

9 La dépendance vis-à-vis de la protection
Du Seigneur, vaut mieux que des chefs la subjection !

10 Toutes les nations m'on entourées pour me détruire :
Au Nom du Seigneur, je peux les anéantir !

Marins, Moines, Tous : Chantez !

Esaïe 42 : 1, 10

Voici mon serviteur élu que je soutiens,
Dans lequel mon âme se réjouit et se maintient !

J'ai mis mon Esprit sur lui ; manifestation
De vérité, droiture et jugement aux nations.

Chantez au Seigneur un hymne nouveau ; louez,
Exaltez et glorifiez-le. Soyez voués

À bénir son Saint Nom, depuis l'extrémité
De la terre ; vous les marins, vous qui habitez

Les mers, tous les habitants des îles, des déserts ;
Chantez avec foi, d'une voix belle, claire et sincère.

L'Amour Du Christ Pour Son Église

Cantique des Cantiques 8 : 6 – 7

L'amour divin du Christ Jésus est bien plus fort
Pour son Église, que le monde, plus fort que la mort !

Des eaux abondantes ne peuvent éteindre l'amour,
Car son feu est plus puissant que le meilleur four !

Les flots qui ruissellent, submergeant, noyant le monde,
Ne noient pas l'Église que l'amour du Christ féconde !

Oh ! Zèle d'amour du Christ plus ardent que le feu !
Comme il suscite chez l'homme les bonnes œuvres de Dieu !

Les Athées

Psaume 14 : 1 ; 53 : 1

L'insensé a dit en son cœur : Dieu n'existe pas.

Bicharah en arabe c'est l'annonce bienheureuse
De la bonne nouvelle, entre toutes, miraculeuse !

Seigneur Jésus, tu nous donnes la vie éternelle,
En héritage, et pour voler vers toi, une aile !

Ta générosité est si exceptionnelle,
Que nous traversons à pieds, à sec, sans tunnels,

Des montagnes, des lacs, des mers, des océans !
Nous vainquons en ton Nom le mal et ses géants !

La connaissance de ton amour élève, diffère
De toute autre ; de la mort dans l'âme, elle libère !

Fais que des athées lisent ces lignes, qu'ils voient
L'invisible et qu'ils adhèrent à la foi en Toi !

Eux si fascinés par les tableaux, la peinture ;
Ouvre leurs yeux à la beauté de l'Écriture !

Couronne de succès nos entreprises, voire nos vies ;
Trouve ta joie en nos œuvres ; sois en nous ravi !

Fais qu'on accepte de m'aider à propager
Et à publier ta gloire ; Toi, le Bon Berger.

Qui Nous Séparerait de l'Amour du Christ ? I

Romains 8 : 35

Quelles tortures peuvent me séparer de ton amour,
Seigneur Jésus ? L'écho qui résonne des tambours,
Transportant les sons haineux contre moi ? Mes oreilles,
Pourtant, ne sont à l'écoute que de tes merveilles.

Quelles épreuves peuvent me séparer de ton amour,
Seigneur Jésus ? La chaleur, la longueur des jours ?
La contrariété due aux louanges refoulées ?
Les regards secs, réprobateurs, de haine mêlés ?

Quelles blessures, quels martyrs, n'ai-je pas, pour toi, reçu ?
J'ai estimé mes souffrances un simple aperçu
De l'honneur d'être digne de t'appartenir,
Et de la gloire de devoir, pour toi seul, souffrir.

Les cris de découragement vont-ils m'effrayer ?
Les blasphèmes de l'impiété vont-ils m'ennuyer ?
Les voix sourdes, grotesques ; de mes insulteurs,
M'excluraient-elles hors de tes soins divinateurs ?

Qui Nous Séparerait de l'Amour du Christ ? II

Romains 8 : 35

Mes frères, celui qui nous aime est beaucoup plus fort
Que celui qui nous hait et qui veut notre mort.
Il nous faut croire l'un sans l'autre. Notre tour forte,
C'est Jésus Christ, nous offrant refuge ; en sorte
Que nous ne nous inquiétions que de la justice
Et du royaume de Dieu. Adorons donc son Fils ;
La vérité du Christ délivre librement ;
Ceux qui savent espérer en lui paisiblement.
En lui les péchés et la mort sont engloutis,
En lui point de condamnation, point de partis ;
Il est tout et en tous ; il est résurrection
Et vie . En lui nous obtenons bénédiction,
Vertu, gloire et victoire. Si Dieu est avec nous,
Quoi ? Qui pourrait nous nuire ? Qui serait contre nous ?
Qui pourrait mettre fin à sa joie infinie
Dont nous sommes l'objet ? Jamais il ne nous renie.
Tenons donc fermement à la foi en Jésus,
Nous l'avons cru et savons qu'il nous a reçu
De façon digne de sa gloire, de sa vertu,
Et de sa grâce. Ne négligeons point ce salut.
Qui nous séparerait de ce grand Dieu d'amour ?
Et qui nous égarerait loin de son amour ?

Pour Le Meilleur Et Pour Le Pire

Apocalypse 3 : 20

Seigneur Jésus, je voudrais être pardonnée,
Mais c'est une vie de corruption que j'ai menée !

Aide-moi à aimer mes ennemis, à bénir
Ceux qui me maudissent. Je voudrais pouvoir offrir
De grands biens à ceux qui ne savent que me haïr !
Puisqu'il me faut vivre en Toi, non pour mes désirs,
Mais pour que ta volonté vienne à s'accomplir
Dans la vie des foules, ne sachant du repentir
Qu'une cellule de prison noire avant de mourir ;
Égarées par tous ceux qui ne cessent de mentir !

Seigneur Jésus, aide-moi à ne pas condamner,
À juger selon ta personne en moi, innée !

Tu m'as restorée, daignant me recueillir !
Dans les larmes, n'est-ce pas ? Tu m'avais vu partir !
Marcher sur le feu, m'égarer dans les délires !
Me débattre contre le vent ; mes ponts, détruire !
J'avais maudit la vie et essayai d'ouvrir
Les portes de la mort la priant d'engloutir
Mes jours d'où la lumière ne cessait de s'enfuir !
Tu frappas à ma porte : « Je viens pour te guérir ! »

Seigneur Jésus, tu m'apprends pourquoi je suis née !
Pour me renouveler, non pas pour me faner !

Ma personne intérieure, vers toi, doit revenir,
Mon âme, vers toi, chemine, avance, marche et aspire !
Mon esprit, en toi, se plaît à se convertir !
Mon deuil, ma joie, mes limites ne sauraient me nuire !
Que les hommes qui m'accusent de pleurer ou de rire
Puissent comprendre un jour la sagesse de l'élixir
De l'eau que tu donnes, qui ne peut jamais tarir !
Je te suivrai pour le meilleur et pour le pire !

Nul N'A Jamais Parlé Ainsi

Jean 7 : 46

Seigneur Jésus, tu sais que j'aime la solitude,
Mais tu veux atteindre le cœur des multitudes.
Tu m'as donné en partage la mansuétude,
Même au beau milieu de toutes mes vicissitudes.

Dis-moi pourquoi cette haine entre les gens et moi ?
Pourquoi refusent-ils mon amour qui est en toi ?
Ils ne croient pas à ton retour en tant que Roi,
Ni que tu reçus l'investiture sur la croix !

Ils parlent de puissance, de force et de pouvoir !
Prenant la connaissance, vue comme dans un miroir,
Pour une certitude, fallacieuse et péremptoire !
Pour elle ils rejettent l'amour, la foi et l'espoir !

Je veux t'exprimer, Seigneur Dieu, ma gratitude !
Car ta divinité est la belle certitude.
Ton humanité est pour notre plénitude,
Ta vérité dissipe toutes sortes d'inquiétude.

Ta Sagesse a créé l'univers et la loi,
Par ta parole divine l'invisible se voit.
Par tes œuvres miraculeuses, le peuple croit !
Les plus cruels oppresseurs changent et s'apitoient.

Ton autorité dicte de nouveaux devoirs ;
Ceux qui s'approchent de toi pour satisfaire la gloire
Des chefs qui veulent ouvrir ton interrogatoire,
Témoignent : « Avec son éloquence oratoire,

Nul n'a jamais parlé ! Nul n'a Jamais Parlé Ainsi » !

L’Enfant Qui Te Ressemble

Luc 23 : 34

« Père, pardonne-leur ; car ils ne savent ce qu’ils font ».

Je me tourne vers toi, mon Seigneur Jésus Christ.
Je suis ton œuvre, quelque fruit de ton Esprit.

Tu es ma foi, ma loi, mon seul Dieu et mon Roi,
Mon bon berger, ma confiance ; sans qui je me noie.

Tu m’as pris par la main, hors d’Égypte m’as conduit ;
Tu fus nuage le jour, colonne de feu la nuit ;

Pour moi tu t’es fait homme, toi seul as compati
À mes douleurs qui m’auraient vite anéanti,

Car le poids de la souffrance humaine s’alourdit
Lorsqu’un enfant le porte avant d’avoir grandi.

Il ne sait rien hors le fait qu’il est étranger,
Dans un monde où la haine s’occupe de l’héberger ;

Il entend les voix en airain parlant d’amour,
Plus il les entend plus il souhaite être sourd.

Plus il voit les uns et les autres s’agiter,
Et plus il souhaite être atteint de cécité.

Jusqu’au jour où il te découvre ; il te loue,
Il te ressemble ; l’agneau au milieu des loups.

Contre les eaux du monde il ne cesse de ramer ;
Pardonnant sur sa croix à ceux qu’il a aimés.

Diverses Multitudes, Belle Sollicitude et Huit Béatitudes

Matthieu 5

Seigneur Jésus, fais taire le vent et la tempête ;
Mets l'ennemi en déroute, qu'il essuie la défaite.

C'est toi seul qui procures la victoire de la paix ;
Tes ordres sont exécutés sans nulle épée,

Sans aucune décision de la sagesse humaine ;
Tu abaisses et élèves, rends puissantes et rends vaines

Les décisions des chefs hautains, méchants, injustes ;
En toi les plus faibles deviennent des hommes robustes ;

Les riches s'appauvrissent et les pauvres s'enrichissent ;
Les grands s'humilient et les humbles se réjouissent.

Bienheureux sont ceux qui en toi font leur demeure,
Car ils ne craignent pas l'arrivée du malheur.

Bienheureux sont ceux qui anticipent ton pardon,
Car leur espoir ne déchoit pas dans l'abandon.

Bienheureux sont ceux qui ne cherchent que ta gloire,
Sans se faire valoir ni à ta place viennent s'asseoir.

Bienheureux sont ceux qui, désirant le salut,
Font œuvre de paix ; n'ayant qu'à toi seul Dieu plu.

Bienheureux sont ceux qui professent la vérité,
Car ils font constamment preuve de témérité.

Bienheureux sont ceux qui font venir ta lumière,
Là où le mal se cache dans les pièges les plus fiers.

Bienheureux sont ceux qui ne condamnent que leur moi,
Car l'égoïsme éloigne de l'amour de toi.

Bienheureux sont ceux qui contemplent ta splendeur,
Car ils n'ont pas à craindre des hommes la terreur.

Veillons, Prions et Payons

Daniel 3 : 22 – 26

Seigneur Jésus, tu nous as permis de vivre,
Accorde-nous ta joie ; l'espoir qui rend ivre,
Sans boire ni fumer ; pour propager la vraie foi,
Celle qui soulève des consciences, convertit des rois,
Fait bouger des montagnes, guérit des blessés,
Enseigne la confiance aux pauvres délaissés.

Méditant tes décrets, buvant la coupe amère ;
Nous en boirons encore, comme en ont bu nos pères ;
Jusqu'au temps où fut achevé leur témoignage
À ta grandeur, pour rejoindre enfin l'équipage.
Ils ont reçu la couronne de vie, octroyée
Par Ta Majesté ; eux qu'on croyait humiliés.

Pardonne-nous l'ingratitude et le retard
À te rendre grâces pour fortifier nos remparts.
Pardonne-nous de manquer aux prières souvent,
De poursuivre des rêves et d'écouter le vent !
Pardonne-nous de combattre trop faiblement,
De trop condamner sans préalable jugement.

Les guerres ont fait beaucoup de ravages ; de victimes
Qui ont vu surgir le feu du fond de l'abîme,
Ne dévorant que ceux qui l'avaient allumé,
Sans nuire aux trois amis de Daniel bien-aimés.
Le jour après la nuit, jamais ne s'évanouit.
L'écho de sa voix virile dit : « Gare à l'ennui ! »

Sans Abris ?

Jean 15 : 11

Que ma joie demeure en vous pour que la vôtre s'achève

Seigneur Jésus, comme ton Nom est doux, salutaire !
Comme ta joie est unique ! Ton amour est prospère !

Il nous faut partager, nous aimer, sans mesure,
Afin d'accomplir le ministère de l'azur !

Où chacun a un rôle par toi seul reconnu,
L'assumant humblement, nous n'avons que les nues !

La belle étoile ici-bas est notre seul toit !
Un souverain berger, Fils de Dieu, notre seul Roi !

Saint Athanase

Genèse 47 : 9

Seigneur Jésus, aujourd'hui c'est le sept Pâchon,
Fête de ton Saint Athanase, ennemi des cochons[3].

Ennemi de l'impureté spirituelle, des fous
Qui veulent détruire l'Église et ceux qui se dévouent

À ton ministère apostolique. Ses années,
Comme Isaac, furent amères mais non pas fanées.

Persécuté, oui, mais non pas abandonné ;
Il fut la cible pour les flèches empoisonnées

Des ariens, mais elles ne purent atteindre son cœur.
Que n'a-t-il souffert de leurs vils blasphèmes moqueurs.

Car ils voulaient rendre ton statut dérisoire,
En niant ton égalité avec la gloire

Et la substance du Père, le Créateur démiurge.
Les ariens prétendaient qu'il fallait qu'Arius purge

Dieu d'un fils adoptif, voire même, illégitime,
Qui ne l'était qu'au même titre qu'un fils minime

Parmi tant d'autres prophètes que Dieu a créés ;
Te réclamant simple créature agréée.

Mais Athanase annonça par-dessus les toits
Ton unité divine avec sa plus haute voix.

Il mit terme à l'inconsistance des balivernes
Qui faillirent te condamner et réduire en berne

Ton emblème qui s'élève désormais sans mesure.
Ils ont juré ; Athanase les montra parjures !

Son courage ne fléchit point devant leurs menaces,
Exhortant, il ne leur demanda jamais grâces.

---

[3] Les cochons ici sont les partisans de la doctrine hérétique d'Arius, qui subsiste encore jusqu'aujourd'hui sous divers autres noms.

Les réfutant, il les convainquit de péché,
Montra comment leurs discours, l'infamie prêchaient.

Récompense Athanase, Seigneur, pour son amour,
Pour ses fatigues, ses exils et son saint labour.

L'Amitié Entre Deux Peuples

Genèse 47 : 7, 10 ; Exode 12 : 35 – 36 ; 11 : 2 – 3

Jacob a béni Pharaon, non pas une fois
Mais deux. Il assura ainsi la commune foi
En son Dieu qui allait quelques siècles plus tard
Rassembler les fils d'Abraham avec la gloire
Et les unir aux Égyptiens dans l'amitié
La plus longue de l'histoire. L'Égypte prit pitié
Lors de l'exode des Hébreux fils d'Israël
Et leur prêta autant d'or et d'argent pêle-mêle.
Amicalement les Égyptiens au peuple Hébreu
Donnèrent, chacun à son voisin, d'un cœur joyeux.

Par Ta Croix, Jésus, Tu As Vaincu

Matthieu 6 : 27 ; Esaïe 14 : 13 – 15 ; Ézéchiel 28 : 11 – 19

Qui mérite de t'avoir jamais appartenu ?
Qui fixe aux hommes le temps de ta seconde venue ?

Qui est digne de ton appel et d'être cru ?
Qui peut augmenter un tant soit peu son statut ?

Qui prétend ouvrir ce que toi tu as reclus ?
Qui est hypocrite que tu ne l'aies aperçu ?

Qui exagère en multipliant les abus ?
Qui ose moquer ton trône et s'élever par-dessus ?

Qui empoisonne les eaux par sa langue impromptue ?
Qui ne t'a pas de la sorte vraiment attendu ?

Qui cherche à disperser tes enfants parvenus
À l'unité en toi ? Quel qu'il soit… il n'est plus !

Bienheureux Ceux Qui Ont Faim Et Soif De Justice

Mathieu 5 : 6

Seigneur Jésus, tu es le plus compatissant
Des hommes et du monde. Les méchants versent le sang

Des prophètes qui dénoncent l'injustice, le blasphème,
Le comportement impie encadrant l'emblème

Où leur hypocrisie sereine, maudite ; s'élève
Contre la vérité pour ne pas qu'elle s'achève.

Sachant que tes paroles condamnent leur soumission
Aux forces du mal dont la moindre rémission

Des péchés est impossible car leur arrêt
A déjà été prononcé ; donc s'emparer

De tes messagers pour mettre fin à leur vie
Est l'alternative qu'ils choisissent pour la survie

De leurs jugements malsains, pervertis, corrompus ;
Te méconnaissant, bloquant l'accès du salut

Aux multitudes, si possible voire aux élus,
Malheureux ces meurtriers qui détruisent et tuent.

Mon Seul Bien Toi Seul Tu M'Aimes

Marc 13 : 13 ; Luc 6 : 22 ; Matthieu 5 : 1 ; 10 :22 ; 24 : 9 ; Jean 15 : 18 ; 1Jean 3 : 13 ; 1Pierre 4 : 14 ; Psaume 35 : 19 ; 69 : 4 – 5

Seigneur Jésus, apprends-moi mes droits, mes devoirs ;
Apprends-moi la justice, fruit d'or de la victoire,
Fruit de la sagesse, de l'instruction, de la veille,
De la prière, de la douceur, de ton conseil ;
Tu es le professeur, le docteur, l'enseignant ;
Tes disciples ne sauraient être que gagnants.
Ne m'abandonne pas à l'incertitude du sort,
Que pour le seul repentir j'éprouve du remords.
Qui suis-je pour que tu me favorises de ta grâce ?
Qui suis-je pour que tu te sacrifies à ma place ?
Qui suis-je pour que tu me manifestes ton âme ?
Ne suis-je pas la pire des souillures parmi les femmes ?
Ne suis-je pas l'être le plus laid, le plus odieux ?
Ne suis-je pas celle qui a le plus offensé Dieu ?
Que ne me laisses-tu mourir pour payer mes fautes ?
Le seul souci de mes frères n'est-il pas qu'ils ôtent
Ma vie pour débarrasser la terre d'un fardeau
Qu'ils disent leur casser la tête, les pieds et le dos ?

Puisque tu m'emplois à œuvrer dans ton Royaume,
N'ai-je pas droit à quelque soutien ? Car ceux qui chôment
Dans ton labeur disent que je ne dois pas manger
Puisque ceux de mon espèce doivent être hébergés
Dans les rues, sous les ponts ou dans d'austères asiles,
Surtout quand le destin leur fut tellement hostile.
Et je leur donne raison, je ne mérite rien,
Mais je brûle d'amour pour toi, Jésus, mon seul bien.

Les Amis de l'Anti-Christ

Mathieu 12 : 24 – 32 ; Marc 3 : 21 – 22 ; 1 Timothée 1 : 13

Seigneur Jésus, tous ceux qui t'ont haï, encore
Te haïssent. Qu'est-ce qui changea pour eux depuis lors ?
Les générations se succèdent, mais si peu change ;
Les blasphèmes contre ta personne, contre les anges,
Contre tes saints, contre les moines, contre l'Église ;
Se poursuivent, se multiplient ; on dirait qu'ils grisent
Les amis du mensonge, de l'adultère, du vol,
Du meurtre, de la haine et de toutes les paroles
Qui s'élèvent contre ta Majesté. Ils choisissent
Les ténèbres d'un commun accord. Que périssent
Leurs choix, mais que vivent ceux qui t'aiment, Dieu Créateur !
Roi des rois, Fils du Père, Sauveur et Rédempteur !

Vallée d'Ombres Désormais Lumineuses

Jean 3 : 16

Car ainsi Dieu a tant aimé le monde qu'Il a donné en sacrifice Son Fils Unique pour que ne périsse point tout être qui croit en Lui mais que lui soit attribuée la vie éternelle.

Seigneur Jésus, tu es grand, glorieux, Tout Puissant,
Aucun mot ne peut rendre ton éblouissant
Amour pour l'humanité. Je suis submergée
Par les détresses, interviens vite pour arranger
Et organiser ma vie selon la piété
De ta volonté. Je ne veux pas empiéter
Sur elle ni appartenir au monde qui t'ignore,
Qui ne veut l'esprit qu'à la mesure de son corps,
Car le monde ne fait aucune confiance à l'Esprit.
C'est pourquoi tu te bouches les oreilles quand il crie,
Appelant ses idoles, ses désirs morts, frivoles.
Les ténèbres ne peuvent rendre qu'une ombre folle,
Déguisée, vouée à l'extinction et menteuse ;
Armant la haine d'une raison absurde et honteuse.
Mais ta lumière est réelle, véridique ; l'ombre
Même qu'elle suscite projette des lumières sans nombre !
Sa vallée vivante regorge de renouvellements,
De métamorphoses conformes à l'esprit d'agrément.

Saints Cosman et Demian

2 Corinthiens 5 : 1 – 2

Cosman était un Saint ! Lui et ses quatre frères,
Demian, Anthemos, Laondios et Abrabios.
Leur mère, Théodothée, était une veuve précaire,
Mais forte dans la foi en son Seigneur Issos.

Cosman et Demian étaient des médecins dévoués,
Ils traitaient tous les malades pauvres gratuitement !
Leurs patients repartaient guéris et en plus doués
De la foi chrétienne. Dioclétien apprit comment

Ces hommes détournaient les gens de l'idolâtrie !
L'empereur les convoqua pour lever l'encens
Aux idoles. Ils refusèrent. Leur unique patrie
Étant le Ciel, on versa leur sang innocent !

Laissez les Enfants Venir À Moi

Psaume 8 : 2 – 3 ; Mathieu 11 : 25 ; 18 : 2 – 4

Seigneur Jésus, tu aimes l'innocence des enfants
Qui croient tout. Tu acceptes aussi la repentance
Des athées, quoique ceux-ci n'existent nullement.
Car qui dit Dieu n'est pas le confesse justement.

Quant à ceux qui veulent te réduire à un prophète,
Ces vils blasphémateurs ont bien perdu la tête ;
Ils sont plus dangereux, avec tout leur sérieux,
Que ceux qui prônent la multiplicité des dieux.

Les uns et les autres ne croient qu'à des fables
Fictives, et à l'imagination instable
De quelques mortels corruptibles, éphémères ;
Qui périssent avec ceux qui croient à leurs chimères.

La Porte Étroite Et Le Chemin Resserré

Mathieu 3 : 12 ; 5 : 45 ; 7 : 13 – 14 ; Luc 3 : 17

Seigneur Jésus, merci pour ta bonté envers
Les méchants et les bons. Ta paix dépasse de loin
Notre compréhension, À tort et à travers
Mots, actes, vanités ; satisfont nos besoins.

Parfois l'on s'égare, l'on tourne en rond, le chemin
Nous semble trop long, impraticable, trop dur,
Inconscients de notre vision du lendemain
L'on ne voit que voleurs, adultères et parjures !

Ne permets pas, Seigneur, en ces moments qu'on raille,
Que notre âme torturée périsse dans le Jugement !
Car bâtir sur le sable ou avec de la paille,
N'est-ce pas là déchéance et comble d'égarement ?

Pour notre salut ; veuilles qu'on tourne notre dos,
À la vanité de nos propres illusions !
Puisque tu allèges la lourdeur de nos fardeaux,
Ta grâce nous sauve, peu importe ce que nous faisions.

L'écorce à laquelle on attache tant d'importance,
Sera brûlée au feu, pourtant elle nous protège
Des loups perfectionnant l'art de la pertinence,
Jusqu'au jour où nous nous joindrons à ton cortège !

Une Seconde Chance

Psaume 51 : 7 – 9

Je ne suis rien. Sans toi mon Dieu, je ne suis rien !
Je me perds, je suis battue par tous les vauriens !
Je me lance à la poursuite des vanités,
Je suis victime de la piteuse crédulité !
Je perds ma boussole, je ne trouve pas mon chemin !
Viens faire graver mon nom dans la paume de ta main !
Fais que jamais je n'oublie ta grande bienveillance,
Que de fois j'ai plongé dans la boue de l'intense
Défaite ! Tu m'en as arrachée à chaque fois,
Tu m'as lavée à grande eau, mon Dieu et mon Roi !
Lave-moi encore et je serai plus blanche
Que la neige. Distille mes yeux pour voir la planche
De bois flottant dans le gigantesque naufrage.
Tes enfants n'ont que Toi pour trouver le rivage !
Viens donc à leur secours, renouvelle ton Alliance
Accepte leur amour, donne-leur une seconde chance !

Père Akladios

Jean 10 : 10 ; 3 Jean 9 – 10

Seigneur Jésus, fais revenir Père Akladios
Ton ami, ton enfant dont le destin atroce
Fomenté par tes propres ennemis, toi seul
Tu peux changer ; contrairement à ce qu'ils lui veulent !
Ne laisse pas l'injustice triompher, prévaloir,
Seconde le pape Shenouda III à faire asseoir
Paisiblement chaque prêtre sur l'autorité
Dont tu veux qu'il soit vêtu ; fais-nous habiter
Dans ta maison, Seigneur, pour toute éternité.
Que le voleur ne touche à notre liberté.
Seigneur Jésus, n'est-ce pas que tu es le Soleil
De Justice ? Fais pour ton peuple une petite merveille :
Akladios ton disciple, ton saint bien-aimé,
Fais-le revenir en dispersant leur armée
Impie des ténèbres, par tes ennemis formée.
Ils veulent être premiers et la pagaille semer.
L'homme est innocent, juste, saint, berger soucieux
De ta gloire et tellement zélé ; pas malicieux,
Pas radoteur, pas égoïste, mais sincère
Dans la foi. Des forces du mal, il n'a que faire ;
Comme il ne s'y rallie pas, rien pour sa défense
N'intervient en sa faveur, car l'amour dépense
Jusqu'à sa propre vie pour secourir autrui
Plutôt que soi-même. Cette perfection, c'est bien lui !
C'est de toi qu'il l'a prise, Seigneur ; rends-lui justice.
Son Église, dont il avait acquis les prémisses,
Il en a été dépossédé et exclu ;
Ne lui retire pas ta grâce, restore ton élu.
Que les conflits politiques et la jalousie
Ne séparent donc pas, Dieu, ce que tu as uni.
Seigneur Jésus, que la passion d'amour de l'homme
Pour toi ne soit plus cause de chute. Car qui nous sommes
En toi, c'est cela qui détermine notre vie.
Et notre vie en toi c'est ça le paradis.
Certains se sont évadés de ton cher troupeau.
Dans l'ancien temps Arius, d'autres dans le nouveau.
L'un et l'autre renvoient des pasteurs, licencient
Et excommunient, maudissent tes enfants bénis
Et n'ont de trêve qu'un homme juste ils n'aient renversé ;
Ignorant ta présence, obsédés du passé,
Ils agissent dans l'ombre, et concluent avec la mort
Un pacte de malédiction, de haine, de torts,
Pour satisfaire leur soif sanguinaire de vengeance,

Leur avidité de grandeur d'idoles immenses.
La vie simple de tes bien-aimés ne leur sied
Point. Ils menacent même ceux qui font leur amitié.
Seigneur Jésus, pardonne-moi de ma tristesse
L'incongruité puisque tes dieux et tes déesses
Doivent se réjouir en toi, en tout temps, Dieu des dieux.
Toi qui es toujours jeune, pourtant déjà si vieux !
Permettras-tu que je ne sois plus effrayée
Par la méchanceté de ceux qui s'ennuyaient
De ta présence ; qui s'ennuient de même de la sienne ?
Pardonne-leur Seigneur, car ils sont ignorants,
Ils font tourner tout le monde en incarcérant
Depuis l'ancien temps tes prophètes, les justes juges ;
Et en gouvernant par d'injustes subterfuges.

Le monde chrétien a une culture et un langage ;
Sa langue maternelle caractérise son vieil âge,
Sa culture est biblique, ecclésiastique, réelle ;
Son Royaume est virtuel et spirituel.
Le commencement de l'Église n'a pas de fin ;
Son fondateur éternel est le Fils Divin,
Aîné et Unique de la Vierge dont il prit corps
Du Père ; il fut le premier-né d'entre les morts.

La création crie la gloire du monde chrétien,
Toute civilisation, c'est lui qui la contient.
Toute communication, son amour la soutient.
Toute action de justice, c'est lui qui la maintient.
Nous ne voyons peut-être pas, avec nos yeux,
Nos frères humains sur terre, réunis sous les cieux ;
Mais nous savons par la foi, que l'un de ces jours,
Nous nous rencontrerons chez notre Dieu d'Amour.

Le monde chrétien est invisible pour l'œil nu,
Il vit dans l'espérance de la seconde venue ;
Sa voix retentit à travers les autres mondes,
Ses exploits sont reconnus à travers les ondes.
Ses chanteurs sont ivres d'Esprit, non pas d'alcool ;
Ses femmes sont des héroïnes, non pas des dames molles ;
Ses hommes sont des vainqueurs qui ne prennent pas l'épée
Pour leur victoire sur le mal. Ses enfants font paix
Et œuvres relatives aux réconciliations ;
Ses visiteurs désirent leur assimilation ;
S'ils veulent être citoyens, ils sont bienvenus ;
Car beaucoup sont envoyés, mais peu sont élus.

Conjure L'Oubli

Jean 9 : 31

Nous savons que Dieu n'exauce pas les pécheurs, mais si quelqu'un lui est dévoué et fait sa volonté, il l'écoute.

Seigneur Jésus, viens remplir avec ta présence
Lumineuse, avec ta douceur, l'humble assurance
Que je possède en toi ; car c'est là mon trésor.
Je sais que tu exauces les justes, qui prennent l'essor
De leur vol vers toi comme des aigles, dont les yeux
Sont perçants, leurs ailes déchirent la hauteur des lieux.
Peu m'importe ce monde, la personne que je suis ;
Peu m'importe le temps, l'espace, la maladie ;
Ma consolation et ma joie ne sont qu'en toi.
Les difficultés passeront ; l'oubli, une fois
Obtenu, m'apprendra ce qu'il faut retenir.
Les douleurs comme une vapeur devront s'évanouir.
Conjure l'oubli de me donner quelque repos ;
Efface le souvenir de ces poignards au dos.
Je voudrais oublier le méchant meurtrier
Qui complotait ma mort, quand pour lui je priais ;
Et pas pour lui seul, mais aussi pour ses complices ;
Qui m'inventaient chaque jour quelque nouveau supplice !

Le Royaume Du Souverain

Daniel 7 : 14 ; 2 Pierre 1 : 11

Seigneur Jésus, prends pitié encore et pardonne ;
Comme nous pardonnons aussi à ceux qui fredonnent
Des airs saccageant, flamboyant de jalousie,
De haine, de blasphèmes ; ils ne nous ont pas saisis,
Grâce à toi, Seigneur ; ton soutien vaut tout l'argent
Et l'or du monde ; et bien davantage que des gens
L'honneur et l'approbation. Les chefs militaires,
Les rois et les présidents sont portés en terre ;
Mais ton règne n'est qu'infini et éternel.
Merci Jésus mon Dieu, ami du zèle.

Prière Pour Moi-Même (I)

Mathieu 5 : 3

Bienheureux les pauvres d'esprit, car le Royaume des Cieux est à eux.

Seigneur Jésus, sois avec moi aujourd'hui toi-
Même, fais-moi avancer par ta lumière suprême ;
Aide-moi à accomplir mes tâches qui sont parfois
Compliquées, simplifie-les ; car ta sagesse aime
Les esprits sans malice et fait réussir droit
Au but leurs entreprises qui, ta vérité sèment.

Prends pitié Dieu, je t'appelle car j'ai grand espoir
Que tu ne me laisseras pas de ta main déchoir.

Nul ne peut rien arracher de ta main. Or moi,
Je suis dans ta main. Ton amour n'est pas pour moi

Seule, mais pour tous ceux qui t'ont aimé, eux aussi.
Certains d'entre eux sont sur ton trône déjà assis.

Fais que je vienne à toi, Seigneur ; dans la pureté,
Aide-moi à meurtrir mon corps et à le dompter.

Je ne voudrais pas que ton Nom soit blasphémé
À cause de moi. Ne cesse pas mon Dieu de m'aimer.

Rends-moi digne de ta fidélité, Soleil
De Justice, Lumière Éternelle ; que tes merveilles,

Ta vertu et ta gloire soient ma couronne, ma joie,
Mon pain et mon eau, que je ne perde pas ma foi.

Prière pour Moi-Même (II)

Esaïe 48 : 22

Aujourd'hui, c'était le vacarme. « Point de paix
A dit le Seigneur, pour les méchants ». J'ai frappé
À la porte de l'inconnu et du sommeil,
Le mal de tête m'a ouvert : « viens-t-en mon soleil ! ».
Je suis entrée dans la demeure bien balayée,
Bien aérée, bien accueillante, bien nettoyée !
Des vents étranges se relayaient pour renverser
Les résidus de mes plus salutaires pensées.
J'envisageai comment sortir de ces demeures,
Fermer ma porte ne suffirait plus aux clameurs !
L'ouvrir toute grande serait peut-être mieux, plus sage ?
Où es-tu mon âme, pourquoi cacher ton lavage ?
Pourquoi prétendre être sans tâche ? Ta propreté
N'est qu'un mensonge par toi-même cru et inventé.
Seigneur Jésus, réveille-moi de ce cauchemar.
Et de ton troupeau, ne me laisse pas à l'écart.

Mon Créateur Et Moi

Romains 14 : 8

Donc si nous vivions, nous vivrions pour le Seigneur ; et si nous mourions, nous mourrions pour le Seigneur ; que nous vivions ou que nous mourrions, par conséquent, nous sommes au Seigneur auquel nous appartenons.

Être seul, c'est lamentable. Ni vie, ni rires !
Être en mauvaise compagnie, c'est encore bien pire !
Seigneur Jésus, je suis en retard, en arrière
Sans cesse. Donne-moi ta grâce : je veux te rendre fier
D'être mon maître et mon Seigneur. Que cette paresse
Et cette torpeur ne soient plus miennes, je le confesse.
Mets la foi en action sans cesse dans mon esprit.
Ni la vie ni la mort ne comptent, mais Jésus Christ
Est tout et en tous ; avant tous les temps, après
Toutes choses ; à l'intérieur du laïc ou sacré.

Père Sidaros

Mathieu 5 : 8

Bienheureux ceux qui ont le cœur pur, car ils verront Dieu.

Père Sidaros Abd-El-Messih est un prêtre copte orthodoxe vivant aux Etats-Unis d'Amérique. Il est l'auteur de 127 ouvrages théologiques. Outre son érudition et ses analyses exégètes, il est poète, expert en langue copte et en islam. Il fut récemment opéré pour un infarctus et nous prions pour sa santé désormais précaire, que Dieu le fortifie, le bénisse et lui donne longue vie ; ainsi que sa chère femme Mona et ses enfants.
Père Sidaros est aussi un écrivain prolifique, un conférencier éminent, et un maître coptologue qui a grandement contribué à enrichir la culture coptologique. Toutefois, n'oubliant jamais de qui il est lui-même le disciple, on l'entend souvent rire et son sens de l'humour ne fait qu'ajouter à son humilité le contraste frappant de sa grandeur d'âme.

Seigneur Jésus, merci de donner au cher père
Sidaros tes révélations. Son ministère
Servant ta parole est rempli, avec ta gloire,
D'une illustration avec les plus belles histoires.
Il te rend avec éloquence de fiers hommages ;
D'un cœur pur, intelligent, bienveillant et sage.
Verbe ou Parole, tu as rendu si bienheureux
Les cœurs purs car ils font la volonté de Dieu
Et ne se suffisent pas d'en avoir le savoir,
La vue et l'audition, mais entrent dans sa gloire
En agissant et en produisant tant de fruits
Qui durent en permanence, leur lumière brille et luit
Sur le monde entier et sur toute l'humanité.
Ils sont à l'œuvre à l'honneur de la liberté
Et de la justice pour tous. Leur humble cœur sait
Pardonner, édifier, aimer sans se lasser.

Les Uns Et Les Autres Annoncent Le Christ

Philippiens 1 : 17

Les uns sont pour la cause du Christ, pour son amour de l'humanité dans laquelle il s'est incarné ; ils sont pour lui dans le sens où ils baptisent et bâtissent avec lui, pour lui et en lui. Les autres sont contre sa cause, contre sa rédemption, contre le salut de l'humanité qu'il est venu accomplir. Ces derniers se posent souvent en juges, en surveillants, en plaintifs contre les frères et n'ont d'autres soucis que celui de détruire la vraie foi (si possible) de l'Église, de détruire l'amour entre les frères et d'ériger égoïstement leur personne en idole ; se dressant contre tout ce qui est saint, loyal, juste et vrai. Ce sont les « loups » dont il est fait mention dans l'Évangile, (*Mathieu* 7 : 15 ; 10 : 16 ; *Luc* 10 : 3 ; *Actes* 20 : 29) leur but est de semer la confusion et de propager la discorde afin que les persécutions et les conditions défavorables des chrétiens aillent de mal en pire dans le monde et c'est au beau milieu d'eux que les agneaux sont miraculeusement vivants et à l'œuvre. Paul en dénonçant leur conduite se réjouit en quelque sorte de la propagande qu'ils font ; bien qu'ils soient mal intentionnés, il retient donc le bon côté qui résulte comme effet de leur prédication ; ils pensent alourdir ses chaînes et les lui rendre plus douloureuses ; ne sachant pas qu'il s'en glorifie et qu'il les considère comme un honneur pour le prix de la gloire à venir. (*Philippiens* 1 : 12 – 21)

Seigneur Jésus, ça y est, tu veux nous seconder,
Nous te remercions de vouloir nous aider.

Tu veux bénir la terre pour laquelle tu es mort
Et ressuscité, pour qu'elle ne vive qu'en ton corps.

Tu veux les consoler, ceux qui sont affligés ;
Ta joie dans la tristesse te révèle comme berger.

Beaucoup ont pris ton nom et se disent des pasteurs,
Beaucoup blasphèment ne sachant s'ils sont directeurs,

Gardiens de trésors, sectateurs, rhéteurs, banquiers ;
Ou serviteurs à ton seul Esprit Saint dédiés.

Certains de ceux que tu as envoyés, de Dieu
Sont nés ; d'autres se ont appropriés les cieux,

La terre, tout ce qui peut servir à dominer.
Les uns pour ta cause, les autres pour t'aliéner !

La Libération par le Christ (I)

Jean 8 : 31 – 32 La “Vérité Vous Libèrera”

Seigneur Jésus, c’est toi et nul autre qui sauves,
Dans les épreuves où les hommes se transforment en fauves ;
Assoiffés de sang, buvant à la coupe de haine,
Prétendant communiquer la coupe de la Cène.

Tes serviteurs sont maltraités, persécutés
Et rejetés. Mais tant qu’ils vivent en ta piété,
Ta connaissance les libère ; c’est la vérité.
Rien ne saurait vaincre ta suprême liberté.

Les démagogues, les corrupteurs autoritaires,
Et les hypocrites qui nous ordonnent de nous taire,
Pardonne-leur, Seigneur, car ils ne savent ce qu’ils font.
Ils égarent et font tomber dans l’enfer profond.

Ils n’hésitent pas à exprimer leur cœur adverse.
Ils n’ont d’amour que pour le gain vil qui traverse
Leur route. Ils aiment aussi être toujours premiers ;
N’hésitant pas à fouler quiconque sous leurs pieds.

Pour atteindre leur fin, ils s’allient aux mensonges ;
Ils recherchent ce qui est sacrilège dans leurs songes.
Ils concourent de fierté dans la honte adultère,
Et filtrent les péchés dont le goût est amer.

Ils avalent volontiers les transgressions latentes,
Quand elles servent leur orgueil ; ou leur vengeance ardente.
Quand des aveugles les écoutent, c’est de visions
Qu’ils leur parlent ; et ils ne perdent aucune occasion

Ces opportunistes aux lèvres tricheuses, menteuses ;
De te prendre à parti, dans leur malice honteuse ;
Ils font descendre leurs adversaires dans l’abîme ;
Et font monter leurs amis sur les plus hautes cimes !

Les démagogues, les corrupteurs autoritaires,
Et les hypocrites qui nous ordonnent de nous taire ;
Pardonne-leur, Seigneur, car ils ne savent ce qu’ils font.
Protège-nous de leur monde ténébreux et profond.

La Libération par le Christ II

Genèse 1 : 26

« [12] Ne soyez pas zélés pour la mort dans l'égarement de votre vie et n'apportez pas sur vous-mêmes le dépérissement par les œuvres de vos propres mains. [13] Car ni la mort a été faite par Dieu, ni Il se réjouit du fait que les êtres vivants périssent. [14] Puisqu'Il a créé tout le monde pour la demeure en permanence, et que les générations naissantes furent conçues dans la force de la santé sans défaut, ne contenant aucun poison mortel. Il n'existe pas de gouvernement de l'enfer sur terre. [15] Car la justice est éternellement glorieuse. [16] Mais les hypocrites en ont appelé à la mort par les œuvres de leurs mains et de leurs bouches. Ils ont pensé en faire une alliée et ils se sont donc réduits à la mesquinerie, afin de mieux s'accorder à son alliance ; car ils sont dignes d'être parmi ses partisans ». *Sagesse de Salomon* 1 : 12 – 16

La liberté c'est de posséder sans être
Possédé ; car libérer c'est rendre maître.
Or les humains sont créés pour l'autorité
Sur la création ; les droits de fraternité
N'étaient pas naguère en question. Mais néanmoins,
L'homme a transgressé, et il fut dans le besoin
Qui l'a aveuglé quant à Dieu et son prochain.
« Cherchez la femme » ! « C'est Ève » ! « Non ! C'est monsieur Machin » !
Les cris, le chaos, la superstition, la peur,
Les sacrifices humains d'enfants… dans sa torpeur,
L'homme n'inventait que méchanceté, amoureux
De la mort, le vide en lui se faisait plus creux.
La sécurité devenait une monnaie rare,
Chacun pour soi, des chemins de fortune épars,
Ou des rencontres pour célébrer des orgies ;
Quand la majorité n'avait pas de logis.
Les dictateurs multipliaient leur vile violence,
Rivalisant entre eux de haine, d'intempérance.

L'Église Unie Dans Le Monde

Jean 10 : 30 « Moi et le Père nous sommes Un ».

Seigneur Jésus, ton Église est part de ton corps,
Le corps inclut la tête ; malade, il lui fait tort ;

Sain, il la relève, la sert et lui obéit.
L'Église progresse, s'épanouit, dans tous les pays ;

Elle transmet ta parole, de son mieux l'interprète,
Livre ton message et établit des prophètes

Et des prophétesses ; qui prêchent ta vie éternelle,
Ton unité avec le Père consubstantielle.

Allah

Genèse 1 : 1 ; Jean 1 : 1

Le terme Allah n'a pas été l'innovation
De l'islam, mais plutôt la représentation –
Autant que les mots traduisent par notre langage
Humain des vérités divines dépassant l'âge
Des siècles – du seul et unique Dieu Créateur.
Ce terme est le point commun unificateur
Où s'accordent trois : le judaïsme, l'islam
Et le christianisme. Les rabbins, les imams
Et les prêtres, représentant respectivement
Ces trois religions célestes, se conformant
Au même principe à propos de la création
Des cieux et de la terre ; s'accordent sur cette question.
Mahomet ayant puisé dans la Bible Sainte,
A produit un certain Dieu qui, dans son enceinte,
Est en question. La méconnaissance de ce mot
N'est due qu'aux difficultés de la science des mots.
Ceux pour qui l'arabe n'est pas une langue étrangère,
Ne se méprennent guère sur ce point à la légère.
Allah est donc Dieu qui est le seul créateur.
Il réalise tout ce dont il fut prometteur.
Il est le Père de sa grande fille l'humanité ;
Qu'il a dotée du don divin de liberté.
Il aime la justice et il hait l'iniquité.
Il est omni présent et d'une suprême bonté.
Il est Père du Fils Unique, dans le Saint Esprit,
Fils engendré d'une sainte et vierge mère Marie.
Le Père, le Fils et l'Esprit Saint sont un seul Dieu
Indivisible qui créa tout sous les cieux.
Jésus Christ n'est pas d'un homme la progéniture ;
Il est sans péché et il n'est pas créature.

L'Autre Joue (Mathieu 5 : 39)

Apocalypse 3 : 16 ; Mathieu 5 : 38 ; Exode 21 : 24 ; Lévitique 24 : 20 ; Deutéronome 19 : 21 ; Psaume 19 : 4 – 5 ; Romains 8 : 29

Je ne suis que douleur, mais je remercie Dieu ;
Car même dans ces épreuves, il a sur moi les yeux.
Il ne m'a pas oubliée, je suis son amie,
Il ne m'a pas rejetée, pourtant, ni vomie.
C'est terrible d'être la proie de la nuisance,
Des griffes que les méchants remontrent avec aisance
Contre le peu de temps appartenant aux leurs ;
Remontant chaque minute de l'horloge ; jamais l'heure.
Car l'emprise de l'âme ne leur est pas accordée,
À moins que de son propre gré l'on veuille céder,
Se soumettre à leur volonté, subir leurs lois ;
Et partager leur mort qui se dit vie sans foi.

Je n'ai que douleurs, mais je combats vaillamment,
Pour mes frères exécutés sans aucun jugement,
Tués sous le coup de la haine, aveuglément,
Payant le coût de l'amour divin autrement ;
« Œil pour œil ? », ils ont sacrifié leurs corps, leurs yeux,
Mais non pas leur vision. « Dent pour dent ? », jeunes et vieux,
Ils se sont épris d'amour pour les citoyens
Des cieux et de la terre, ils ont rendu le bien
Pour le mal, refusant d'accéder à leurs fins
Par des moyens humains ; partant jusqu'aux confins
De la terre, ils ont remis toute leur destinée
Entre les mains souveraines de leur frère aîné.

Gardons L'Espoir Vivant

1 Pierre 3 : 15 ; 3 Jean 11 ; Romains 12 : 2 ; Psaume 23 : 5 ; Matthieu 28 : 20

Souffrir en tant que chrétiens c'est la belle affaire ;
Car c'est endurer la plus pénible atmosphère
Que de se voir traiter injustement. L'ennemi
Qui nous calomnie se croit tout puissant. Amis,
Sachons répondre de l'espoir que nous avons.
Car l'excès du chagrin empêche, nous le savons,
De garder en vie notre espérance, notre amour,
Notre courage ; et rend obscurs nos plus beaux jours.
Debout à la tâche et prêtons l'oreille à Pierre,
Mathieu, Marc, Luc et Jean. Ne nous conformons guère
Au monde présent, à ses modes de pensée, prenons
Refuge en notre Sauveur, pour que notre non
Soit non et que notre oui soit oui. Pas besoin
D'attendre qu'un autre nous rende les moindres soins ;
De jurer ni de s'attacher à des fables,
Car le Seigneur dresse devant nous une belle table
Face à nos ennemis. Nous lui sommes agréables
Car il nous aime et il tient ses serments, promesses,
Offres, contrats, alliances ; jamais il ne nous laisse,
En proie à l'injuste appétit des amateurs
Du mal. Il est avec nous toujours, à toute heure.

Notre Amant

Jean 14 : 26

Seigneur Jésus, Toi le Verbe du Dieu Vivant,
Tu mérites qu'on te fasse confiance plus qu'aux savants ;
Car c'est toi qui donnes compréhension et savoir ;
Tu fais vivre la sainteté dans la mémoire
De tes enfants. Nous nous sommes, avec ton pouvoir,
Expressément chargés de répandre ta gloire ;
Devoir qui nous incombe, mais si doux à faire.
Ta parole est en nous, pas moyen de la taire.
Nous croyons en toi ; tu es notre seule confiance.
Nous ne saurions rien faire sans ta seule complaisance.
Nous ne parlons que de toi, ne pensons qu'à toi.
Nous dirons tes merveilles par-dessus tous les toits,
Dans les assemblées, en public comme en privé ;
Nous louons ton nom très saint qui nous a sauvés,
Qui nous sauvera encore de tous les complots ;
L'eau que tu nous donnas coule en nous comme des flots
Intarissables, qui jaillissent en vie nouvelle.
Que ta volonté soit faite, ô Dieu éternel.
Comme un enfant à la recherche de sa mère,
Dans l'attente nous veillons, de peur que des chimères
Ne viennent se substituer dans notre sommeil
À ton amour, qui réchauffe mieux que le soleil ;
À ta justice, qui opère partout des merveilles ;
À ta sagesse, qui nous dirige et nous conseille.

L’Ancien de Jours

Daniel 7 : 9

L’Ancien de Jours, la création rend témoignage
À sa gloire, à sa Parole, à son œuvre sage

Et pleine d’intelligence ; disant : « qui se partage
Entre cette éternelle existence et son âge,

Voit s’effondrer les années ; en regrette l’usage. »
« La vie n’est-elle qu’une illusion ? Grotesque cage ?

Gigantesque mer qu’il faut passer à la nage ?
Livre qu’il faut lire sans pourtant en voir les pages ?

Piège ? Mauvaise farce ? Sans cesse coincé dans les parages
D’une mauvaise affaire ? Pourquoi suis-je dans l’engrenage ? »

« Je t’offrirai ma vie, comme les cadeaux des mages ;
Pour que tu puisses me voir, sans faire tant de tapages.

Je te multiplierai, comme le sable à la plage
Et les étoiles au ciel, j’accomplis ton lavage ;

Malgré tes protestations. Tu es l’apanage
De mon trône, le seul qui n’ignores pas mes adages ».

Les Enfants de la Lumière

Luc 16 : 8

Seigneur Jésus, je sais que pour le mal de tête ;
Toi seul tu peux faire en sorte qu'il cesse et s'arrête.

Tout est pur pour ceux qui sont purs, or tu es pur
Et tu nous as lavés par le bain de l'eau pure.

Tu nous as restorés à ton image divine
Et terminé notre condition orpheline.

Nous sommes les enfants de la lumière, moins
Astucieux que ceux du monde auquel leurs besoins

Sont adressés. Mais nous cherchons un monde meilleur
Dont la terre ne connaît, hélas, que les lueurs.

Le Prix Mortel, La Poubelle et ses Cartels

Romains 6 : 23

Si le juste sera sauvé de toute justesse,
L'immoralité qui désobéit, transgresse ;

Dont le débauché et le pécheur adoptent
La cause et servent les filets ; que les coptes

Dénoncent, qu'en adviendra-t-il ? Le prix du péché
C'est la mort. N'en déplaise aux menteurs, débauchés,

Sacrilèges et autres ennemis de la morale.
Ils renient la distinction du bien et du mal.

Ils condamnent les droits religieux, la vérité,
Le monachisme, le mariage, la liberté

De parole. Ils essayent de détourner l'élite ;
En présentant comme biens des valeurs illicites.

En Plein Cœur, À Pleine Bouche

Psaume 137 : 6

Seigneur Jésus, tu rabaisses les grands de leur trône,
Quand ils cessent de savoir ce qu'ils font, ce qu'ils prônent.

Quant aux petits, tu les élèves, tu leur apprends
Tout ce que tu veux qu'ils disent, soit devant des grands,

Soit devant le peuple rassemblé. Ta parole,
S'ils ne la disent, leur langue à leur palais se colle.

En plein cœur, à pleine bouche, saisissant ta vertu ;
Saisis par ta gloire, quoi ! Pourraient-ils l'avoir tue ?

La Joie, la Foi et des Voix

Proverbes 17 : 22

Donner, c'est bien mieux que recevoir. Car la joie
Contrairement aux lois des mathématiques, s'accroît

Et redouble de volume, de grandeur, de taille
En se divisant. Sublime, jamais elle ne raille.

Jamais elle ne se moque, en partageant pour Dieu.
Ses divisions augmentent son héritage aux cieux.

Elle n'a pas de secrets, bien qu'elle soit mystérieuse.
Elle reflète du Christ la figure sainte et sérieuse.

La joie habite avec la sagesse éternelle ;
Sa compagne, l'amour, chante et danse autour d'elle.

Sa compagne, la foi, se vante de vertus ;
Sa compagne l'espoir s'entête pour les têtus,

Concède pour les farfelus ; les désespérés,
Il les relève ; il fuit de l'orgueil les marées.

La joie du cœur c'est la santé du corps entier.
La joie habite les bas-fonds, les sommets altiers.

Elle est reçue partout avec un grand respect,
Elle promet et sait tenir ses promesses de paix.

Ses ancêtres n'ont pas connu la corruption,
Ni la mort ni aucune des décompositions

Qui affectent d'habitude ceux qui contrarient
Ses démarches en disant : « Abat les hommes qui rient,

À mort toutes les femmes qui font de la poésie,
Périssent l'Arabie, le Moyen-Orient, l'Asie ! »

La joie ne meurt pas, quand elle verse des larmes,
Élan d'amour pour le porteur d'armes,

Qui tire sur elle puis s'en va à la recherche
De ses compagnes, hélas, trop nombreuses. « Perche-

Toi, bonhomme, plus haut. Tu as beau faire des victimes,

La joie renaît à chaque jour nouveau ; sur les cimes

Des montagnes, ou les lits blancs des hôpitaux ;
Tu voulais sa robe, elle t'a donné son manteau.

Tu avais soif, elle t'a donné son sang à boire.
À présent tu ne veux l'écouter ni la voir ».

Hommage au Frère Roger de Taizé

Mathieu 10 : 28 ; Luc 12 : 4

Frère Roger de Taizé (1915 – 2005) : Un Homme de Foi

Seigneur Jésus, tu as reçu le frère Roger
De Taizé, il fut pour toi un vrai sage berger.
Il alla de son vivant vers toi, la lumière ;
Sa mort ne fut pas un retour à la poussière.
Il ne craignit pas ceux qui tuent le corps, le jugent ;
Il offrit l'hospitalité et le refuge
Pour sauver de la mort un peuple d'élection,
Que les nazis vouaient à l'extermination.
Il voulut rassembler plutôt que diviser ;
Et il le fit si bien que vivant à Taizé,
Il écrivait une lettre chaque année traduite
En plus de cinquante langues pour un appel aux fuites
Confiantes vers toi la paix des hommes et leur confiance ;
Les destinant au royaume de la bienveillance.
Sa lettre était la source de méditation
Pour la sainte réunion d'une grande population
Venant des quatre coins du monde au continent
Européen pour cinq jours où les abstinents
Repartaient vivifiés pour le pèlerinage
De confiance sur la terre ; emportant ton image
Gravée dans le cœur de Roger, cet homme de choix,
Qui ne s'estimait pas lui-même, mais plutôt toi.

Le 12 mai 1915, la Suisse vit naître un grand humaniste, homme de foi, musicien, altruiste, fondateur du monastère de la communauté de Taizé, ami du Christ et dont l'influence engloba le monde entier : Frère Roger de Taizé. À l'exemple du Christ, il s'est donné lui-même. À l'exemple de plusieurs apôtres du Christ, il fut martyr en mourant assassiné le 16 août 2005 devant plusieurs milliers de membres de sa congrégation réunis afin d'entendre sa chère voix pour la dernière fois.

Frère Roger fut un apôtre courageux du Christ, qui a appliqué en l'intégrant dans sa propre vie personnelle l'enseignement du Christ.

Son Pèlerinage de Confiance sur la Terre, une réunion annuelle globale, était un succès miraculeux consistant à stimuler les jeunes à être porteurs de paix, de réconciliation et de confiance dans leurs villes, leurs universités, sur leurs lieux de travail, dans leurs paroisses, et à être en communion avec toutes les générations. Comme réalisation de ce « pèlerinage de confiance sur la terre », une rencontre européenne de cinq jours réunissait à la fin de chaque année plusieurs dizaines de milliers de jeunes dans une métropole européenne, à l'Est ou à l'Ouest.
A l'occasion de la rencontre européenne, frère Roger publiait tous les ans une « lettre », traduite en plus de cinquante langues, reprise et méditée ensuite pendant toute une année par les jeunes, chez eux ou lors des rencontres à Taizé. Cette lettre, le fondateur de Taizé l'a souvent écrite à partir d'un lieu de pauvreté où il avait vécu un temps (Calcutta, Chili, Haïti, Éthiopie, Philippines, Afrique du Sud...).
Aujourd'hui, dans le monde entier, le nom de Taizé évoque la paix, la réconciliation, la communion, et la renaissance de la conscience de l'Église : « Quand l'Église écoute, guérit, réconcilie, elle devient ce qu'elle est au plus lumineux d'elle-même : limpide reflet d'un amour » (frère Roger).

Les bonnes œuvres que le Frère Roger a accomplies sont innombrables pour l'espace de cette petite note accompagnant le poème composé en son honneur. Nous renvoyons donc nos chers lecteurs à son site www.taize.fr pour y puiser les informations pertinentes au sujet de ses œuvres.

Ton Escabeau, Toi si Beau et un humble tableau

Psaume 110 : 1

Seigneur Jésus, Le Commencement et La Fin,
Dieu, Éternel, tes titres n'auront pas de fin.
Je voudrais pour toujours méditer tes décrets,
Je ne suis pas digne de servir, d'implorer,
Le moindre de tes serviteurs. Accepte-moi
Pourtant, pour tes pieds, comme un escabeau en bois
Qui te serait plus confortable que celui
Formé par tes ennemis. Sur le mien, toutes les nuits,
Tous les jours, seront des chants d'amour, des paroles
Prêtes à s'effacer ou à s'inscrire dans les folles
Fissures de l'escabeau pour en remplir l'espace
Creusé sournoisement par les ennemis de ta grâce.
Il n'y eut pas un jour où tu ne fus là, Seigneur,
Et il n'y en aura jamais. Tu es le Créateur,
Le suprême ingénieur qui a tout désigné,
Toutes choses dans les cieux, sur terre, te sont résignées !

Confession, Tribulations et Supplications

Jean 16 : 33

Seigneur Jésus, pardonne-nous l'offense honteuse,
Comme nous pardonnons aussi les fautes rigoureuses
Commises contre nous. Car ce besoin de repos
Fait passer les soins charnels et ceux de la peau
Avant tout. Prends donc pitié de nous, tes enfants ;
Que tu as réservés au cortège triomphant.
Tu as vaincu le monde et donné le courage,
L'assurance, la foi, le fraternel entourage !
Tu as vaincu le monde et goûté la souffrance,
Sans laquelle personne n'accède à ta bienveillance !

Donne à toutes les Églises coptes orthodoxes la foi,
La persévérance, la sagesse qui vient de toi,
La force de ton amour, la gloire de ton règne ;
Et que ta lumière jamais ne s'y éteigne.

Merci pour avoir écrit « Tsunami » Seigneur,
Quelles merveilles ne se cachent-elles, Jésus, dans ton cœur ?
Aide-nous à publier ta gloire et à fournir
Les fruits de ta grâce toujours présente pour l'avenir
De l'humanité que tu as tellement chérie !
Apprends-nous la vie en Toi, sans quoi, l'on périt.

Humiliation, Molestation et Consolation

Esaïe 54 : 11

« Ô toi qui es humiliée, troublée et qui n'as pas de consolation ; voilà que Moi je pose tes pierres avec de la stibine et ta fondation sur des saphirs. » Esaïe 54 : 11

La richesse après la pauvreté, quel délice !
Le succès après l'échec, ce n'est pas un vice !
Enterrer ses fautes afin de les oublier,
Et faire que l'avenir soit du passé délié ;
N'est-ce pas là le comble du bonheur, de l'espoir ?
Mais que dire de l'humiliation après la gloire ?
Et de la vile pauvreté après la richesse ?
Que dire de l'échec après le succès ? Hardiesse,
Courage, bravoure ; ne vont-ils jamais revenir ?
Et cette vieillesse va-t-elle toutes les années ternir ?
Pourquoi la plainte ? Âme qui abhorrais la faiblesse !
Pourquoi la fuite ? Âme qui vainquais toutes les détresses !
Pourquoi chercher dans l'ombre de la mort refuge ?
Rappelle-toi ! Qui t'avait sauvée lors du déluge ?
Toi qui ne savais pas nager, t'es-tu noyée ?
Tu faisais la risée de ceux qui te voyaient ;
Ils t'agressaient, ils t'insultaient ; et tu pleurais.
Qui a fait de tes larmes le plus beau fleuve doré ?
Qui t'a caché quand on te cherchait malheur, Honte ;
Pour te livrer à tes persécuteurs ? Vois ! Compte !
Combien de fois as-tu chanté la victoire ?
Serait-ce trop, maintenant, de rendre au Christ la gloire ?
Cesse de maudire la pauvreté ! Viens t'enrichir
En achetant de chez lui de l'or et des saphirs !
Ne te détourne pas de tes trésors célestes !
Puisque la terre est soumise à ceux qui molestent !
N'y cherche pas davantage de consolation !
Celle qui a besoin, quelles sont ses distributions ?
Celle qui tue les prophètes et se souille de leur sang,
Et qui proclame après qu'ils étaient innocents ?
Celle qui n'a rien, comment donnerait-elle, du tout ?
Celle qui lapide les sages et les prend pour des fous !
Saurait-elle contenir Celui qui l'a créée ?
Quand tu tombes dans l'abîme, fais-tu mieux que crier ?
Qui vient à ton aide quand tu appelles au secours ?
N'est-ce pas Lui, ton Créateur, ce grand Dieu d'amour ?
Détache-toi de la terre et de tous ceux qui l'aiment ;
Car guerres, injustices, famines, viols ; en sont l'emblème.

Les Coptes et leur Foi, le Respect des Lois et les Faux Prêtres et Rois

Marc 8 : 35

Seigneur Jésus, nous sommes faillibles ; tu pardonnes.
Nous clouons chacune de nos erreurs sur ton trône.
Nous ne savons pas prier comme il faut. L'Esprit
Intercède pour nous en inexprimables cris,
Nous espérons qu'un jour tu nous justifieras
Nous trouveras dignement vêtus de ta loi.
Comme ces héros, les saints du Sinexaire Copte,
Ces enfants que dans ton plaisir tu adoptes,
Tu ne les as pas laissés orphelins. Fondant
Les bases doctrinales de ta foi ; et confondant
Tes adversaires, déguisés en prêtres et rois,
Ils leur ont démontré que leurs propos narquois
Ne servaient qu'à leur condamnation. Tu as vu
Leurs souffrances, leurs martyrs ; et tu as entendu
Leurs confessions de foi en toi, leur persistance
À ne pas renier ton nom ; mais leur récompense
N'est pas pour le moment, ni pour ici sur terre,
Car ils ont mené une vie lumineuse, austère
Fructueuse, vertueuse et centrée sur l'amour
De ton Évangile ; tu devins pour eux une tour
Forte leur offrant le refuge et le salut.
Tu ne laisses tomber personne parmi tes élus.
Les saints coptes furent et sont les préservateurs
De la vérité, par saint Marc le fondateur
De leur Église, ils établirent l'orthodoxie,
Dont même les tentatives de la reine Eudoxie
Ne purent en ébranler le bien fondé. Saint Jean
Chrysostome ne sacrifia point les pauvres gens
À ses caprices et ne compromit pas la foi
Qui ne fut jamais soumise au pouvoir des rois.

Le commandement du Roi, La Patience dans la Loi et Le Pardon, Pourquoi ?

Job 4 : 18 ; 15 : 15

Si jamais vous n'arrivez pas à oublier
L'offense ;
Si vous ne trouvez personne à qui vous confier,
Patience !

« Je me sens mal de ne pouvoir pas oublier.
Pourquoi les souvenirs sont si accentués ?
N'ai-je pas pardonné ? Faut-il renouveler
Chaque jour ce pardon ? » « Le Seigneur peut annuler
Les péchés, mais nous n'avons nullement ce pouvoir.
Nous pardonnons afin de lui donner la gloire.
Nous n'intervenons jamais en ses décisions.
Nos jugements à ses yeux ne sont que dérisions.
S'il exige de nous le pardon pour conserver
Nos cœurs et âmes pures après qu'il nous a sauvés ;
Ce n'est pas pour contrôler le comportement
Des personnes à qui l'on pardonne profondément,
Mais bien plutôt pour notre pureté intérieure.
Quant à eux, s'ils en deviennent pires ou bien meilleurs,
Ce genre de résultat ne doit point affecter
Notre conduite, si nous voulons croître en piété,
En exercices de vertus et de sainteté,
À laquelle nous sommes, par Jésus-Christ, invités. »

Une petite Princesse, Une Grande Allégresse et Un Rêve qui se Confesse

Mathieu 5 : 8

Seigneur Jésus, merci pour ton aide, l'édition
Et l'organisation de toutes mes partitions ;
Qu'aurais-je fait sans toi qui organises l'univers
Entier et te presses de sauver le ministère
De tous ceux qui t'appartiennent ? Je ne sais rien faire
Sans toi. J'aurais dû garder le silence, me taire,
Si ce n'était ton exhortation à parler ;
Ton souci de publier et de circuler
Parmi les hommes pour manifester ta vertu,
Ta gloire ; dont le prix ne sera jamais battu.

Seigneur Jésus, merci. Merci pour les critiques,
Merci pour mon rejet. Merci pour la panique.
Merci pour mon échec et pour les trahisons
Ça fait déjà longtemps que j'habite ta maison
Sur terre et j'ai une demeure éternelle aux cieux.
Mieux que tout, j'ai ma Bible qui me loge en Dieu ;
Lorsqu'il n'y a personne pour m'ouvrir quand je frappe
Sur la porte des gens. Au-delà des trappes
De la mort et de la haine, un bel horizon
Se présente : l'amour infini de la raison.

Ainsi priait Adrosis, la fille d'Hadrien.
Elle entendait glorifier le chemin chrétien.
Elle savait que la mort n'en était pas la fin,
Elle voyait où se cache un meilleur lendemain.
Elle n'accordait à son corps que jeûnes sans parfums ;
S'abstenait de tout pour se joindre aux citoyens
Du ciel qui ont fini leur mission dans le bien
Où elle fut bienvenue par les anges divins.

Seigneur Jésus, vois comme le temps me fait défaut !
Complète et supplée pour moi la justice qu'il faut.
Je sais combien tu m'aimes, combien tu me chéris,
Tu te moques de la méchanceté, tu en ris ;
Tu honores ceux qui t'aiment, tu leur ouvres les bras,
Tu les embrasses, tu les étreins, comme un papa.
Ceux qui gagnent ta confiance sont si heureux !
Mais il leur faut la gagner pour le très joyeux
Festin d'en haut. Ici-bas ce n'est que l'épreuve,
Le détachement, la transcendance pour qui le peuvent ;

La course d'entrée à ton Royaume est si dure,
Heureux ceux qui la terminent avec un cœur pur.

La Prière, L'Intermédiaire et Le Notre Père

Mathieu 6 : 9 – 14 ; Luc 11 : 2 – 4

Notre Père, créateur de tant de mystères ;
Qui es aux cieux, ouverts par l'intermédiaire
De ton Fils Unique Jésus-Christ, notre Sauveur,
Notre Seigneur et notre Dieu. Qu'avec ferveur
Ton Nom soit sanctifié ; que ton règne parmi
Nous, vienne libérer nos âmes de l'ennemi ;
Que ta seule volonté soit ; non pas la nôtre,
Ni celle d'un pouvoir, d'une autorité autre
Que la tienne en propre ; comme c'est le cas au ciel,
Qu'il en soit ainsi sur ta terre de lait, de miel,
De joie, de paix, d'amour fraternel infini.
Fais que nous soyons de ta sainteté munis.
Donne-nous aujourd'hui notre pain quotidien,
Que le langage dont nous nous servions soit le tien.
Pardonne-nous nos péchés, comme nous l'avons fait
Nous-mêmes pour ceux qui nous ont nui par leurs méfaits.
Car c'est à toi qu'appartient la gloire éternelle.
Fais réussir toutes nos entreprises fraternelles.
Libère-nous de la haine, des causes antihumaines ;
Ne nous soumets pas aux souffrances tristes et vaines.
Ne permets pas que l'on entre dans une épreuve.
Mais plutôt sauve-nous du Méchant qui s'abreuve
Du sang des victimes. Fais échouer ses pensées,
Ses plans, ses complots et son conseil renforcé.

Au nom du Christ Jésus notre Seigneur, à toi
Le règne, la force et la gloire ; notre Grand Roi,
Au siècle des siècles, Amen.

Attitudes, Altitudes et Vicissitudes

Jacques 2 : 19

Seigneur Jésus, tu sais combien on t'aime. Tu veux
Que notre joie en toi soit parfaite. C'est ton vœu,
Nous sommes à toi seul, tu es notre dirigeant,
Tu nous choisis pour ta gloire parmi tant de gens
Pour qu'on en annonce la vérité aux nations,
À ceux qui sont menacés d'extermination,
À l'Israël de Dieu, aux coptes, aux français ;
Et ceux qui ont des oreilles pour se prononcer
Auditeurs, disciples, serviteurs ou fervents
Zélés pour ton amour qui emporte le vent
Et la tempête et rétablit la joie au cœur ;
Ton amour ne laisse personne simplement chômeur.
On en est passionné pour te plaire, Seigneur Dieu,
Ou pour haïr les frères et médire des aïeux.
Nul n'est indifférent à ton égard, passif
N'est pas chrétien. En effet, on est soit actif
Pour le bien après avoir cru en toi, et soit
Pour le mal. Mais nul ne s'écarte de ta foi.
Car les démons croient eux aussi et ils frissonnent ;
Les richesses, les idoles, la peur sont leurs patronnes.
Mais tes disciples propagent l'honneur, la vertu,
La vérité, l'amour ; qui sont à tes élus.
Car tu veux que tous les hommes soient sauvés, parviennent
À la connaissance de la vérité chrétienne.

Antoine et son Entreprise, la Belle Paix Acquise et l'Extinction des Querelles qui s'Attisent

1 Timothée 6 : 3 – 5 ; Jacques 3 : 14

Seigneur Jésus, ce rejet des hommes qui sont frères,
À ne pas le passer sous silence ni le taire,
Il y a grand désavantage de disputes, querelles
Sans fin qui entravent le pardon et notre belle
Paix acquise au plus haut prix. Puisque la défense
Et la recommandation viennent de ton essence
Divine, apologétique, miséricordieuse
Et autoritaire ; rejetant les orgueilleuses
Pensées de la haine et celles de la jalousie
Amère, les doctrines hérétiques d'apostasie,
Et n'acceptant dans ton Royaume que les amis
Qui t'ont servi et qui ont aimé leurs ennemis.
Il y a plutôt avantage à voir la lumière
De ton chemin, à la projeter sur la terre,
À s'en nourrir et à en remplir l'univers ;
Comme l'a fait Antoine ton premier moine du désert.
Les beaux discours ne sont jamais anéantis,
Dans ton Royaume il n'y a point de prise de parti.

Notre Mission, la Réconciliation et l’Exhortation

1 Pierre 1 : 9

Nous voilà Seigneur à tes pieds. Nous voilà Dieu
Sanctifiés par ta parole, faisant notre mieux
Pour le salut de ce monde, ses aspirations
Et ses adorations sans réalisation
De grandeur, de gloire, de richesse et de pouvoir
Pour toi Jésus Christ ; seule vérité méritoire,
Seul chemin qui mène à la vie divine et vraie ;
Seule vie qui abolisse la mort qui vient après.
Nous voilà Seigneur à ton service, à tes pieds.
Tu nous confies le don de te réconcilier
Ces hommes et ces femmes qui proviennent d’un autre enclos,
Qui ont eu soif encore après avoir bu l’eau
Qui régénère et produit des fleuves de ta vie
Intarissables. Car consumés par l’envie,
Qui est le zèle pour l’injuste méchanceté,
La déification de l’immoralité ;
Ils ont quitté l’appel et leur ferveur première ;
Ont adoré des stèles, inventé des chimères ;
Haï sans raison ton nom et tes apôtres,
Ils ont pris le parti de l’absurde : « L’Autre ».
Tu nous envoies leur dire : « nos pères sont bien vivants,
À cause de la promesse, déjà auparavant,
Faite par le Tout puissant qui ne change pas d’avis.
Sa promesse est la vie à condition de vie ;
Il ne s’agit pas d’une utopie, d’un espoir
Fictif ; il s’agit bel et bien de la vraie gloire
De celui dont la sagesse est immuable,
Qui ne prend pas conseil auprès des notables.
Il voit les misérables ; il entend leurs cris,
Il renverse les tables de ceux qui décrient
Leurs agissements. Il prend en horreur et déteste
L’hypocrisie des doubles langues comme la peste.
Il permet que le mal atteigne ses enfants,
Comme quand on purifie l’argent en le chauffant.
Obéissez-lui car il reviendra bientôt,
Non plus pour s’attendrir ni porter vos fardeaux,
Mais pour juger chacun selon ce qu’il a fait,
En bien ou en mal, oui, en bon ou en mauvais ».

Pardonner aux Ennemis, Exalter la Vierge Marie et une Grâce qui se Multiplie

Psaume 51 : 2 – 9

Seigneur Jésus, ressuscite mon esprit des fanges ;
Lave-moi à grande eau et accepte ma louange.
Ma langue se dessèchera si je ne te loue,
Mes ennemis marchent sur moi comme sur de la boue.
Ils me guettent pour me déraciner, me couper ;
Leurs paroles font plonger dans mes plaies leur épée.
Ils regrettent ma vie et se désolent de ma joie,
Leurs idoles et leur haine sont tournées contre moi.
Et je m'en réjouis car je veux me lamenter
Sur leurs corruptions, plutôt que de les fêter.
Quelle est ma joie ? C'est de faire se multiplier
Ta grâce au milieu de tes enfants crucifiés.
Ils ont crucifié leur corps avec ses passions ;
Pour exalter ton Esprit, ton incarnation.
Je pardonne à mes ennemis, pourvu qu'ils s'allient,
Non pas au destructeur, mais à la plus jolie,
La plus sainte, la plus pure, la plus pieuse, la plus fière
Et la plus humble de toutes les femmes ; Vierge Mère
Éternelle. Qui la méprise se charge de blasphèmes ;
Et ne pourra être pardonné que s'il l'aime ;
S'il fait pénitence comme elle le fit sur la terre ;
S'il croit en elle et fait confiance à son mystère.

Le Pape Shenouda III, Michée Confrontant le Roi et le Cortège Triomphal de la Foi

Mathieu 15 : 24 ; 1 Rois 22 : 28

« Allons à Jérusalem » ! Shenouda reçut
L'ordre de parler par Sadate, mais son refus
Lui coûta quatre ans d'exil. « Moi je suis venu
Pour appeler et trouver les brebis perdues
De la maison d'Israël. Car mon peuple élu
Dispersé, se rassemble grâce à mon salut ».

Michée aussi, pressé de parler en faveur
Du roi refusa, sans craindre la profondeur
De la fosse où il fut jeté. Prophètes menteurs,
Devins, magiciens, célébraient le prometteur
De richesses et de toutes sortes de biens trompeurs.
Shenouda et Michée, de Dieu seul ont eu peur.

La nuée de témoins que nous avons ; parfaite,
Majestueuse, vêtue du soleil ; elle s'apprête
À la noce de l'agneau. Le son de la trompette
Va bientôt retentir pour annoncer la fête.
Le cortège marchera, la vérité en tête.
La paix à l'intérieur, et dehors la tempête.

Un Privilège de Pacha, un Trésorier qui Pécha et le Destin qui Tricha

Luc 19 : 11 – 26 ; Mathieu 25 : 14 – 30

Seigneur Jésus, il nous faut essayer ; l'on doit
Pratiquer car c'est le seul moyen de ne pas
Échouer. Si l'on n'essaye pas, on n'échouerait
Pas ; mais on n'aurait réussi qu'en secret.
Or le mauvais serviteur, qui avait gardé
Sa mine cachée, lui aussi dans le secret des
Rêves, la peur de l'échec et surtout la fausse crainte
Qu'il avait de ton autorité ; sans contrainte
Ni effort, s'endormit sur son trésor ; cacha
Ta monnaie, nommant le privilège de pacha
Supérieur à tout, meilleur que tout ; te rendant
Honneur en faux enseignements, propos mordants,
Et toutes sortes d'égarements qui dégénérèrent
En l'extinction de sa richesse ; ses congénères
Croyaient que c'était un homme de confiance, dupés
Par ses discours et sa pseudo science qui sapaient
La seule bonne foi en toi. Aussi tu l'accusas
De ne pas tenter le succès qu'il méprisa ;
Refusant de s'aventurer ; pour protéger
Son âme, il ne fit aucun cas des usagers.
N'ayant pas essayé, n'ayant pas travaillé,
Il ne laissa personne savoir que tu régnais.
« J'ai pris soin de ne pas laisser rouiller ce don »,
Dit-il. « Tu n'obtiendras pas non plus mon pardon »,
Lui as-tu répondu. « Ce n'est pas être pieux
Que d'être paresseux, peureux ni orgueilleux.
Incapable, tu aurais pu confier mon bien
À une banque, qui elle, n'en aurait perdu rien
De sa valeur. J'aurais donc perçu l'intérêt
Accru à mon retour. Tu vivais à mes frais
Afin que d'autres profitent de tes offres,
Mais non pas pour tout enterrer dans un coffre.
Prenez-lui sa mine, donnez-la au serviteur
Qui a fait preuve de meilleur administrateur ».

Épiphanie, Fausses Prophéties et la Foi Infinie

Jean 1 : 33 – 34

La forme visible de la colombe blanche
Ne fut qu'un signe promis à Jean. En revanche,
L'Esprit Saint qui est invisible, ne devint
Pas pour autant ce qui rendit le Fils divin.
Car le Fils l'était bien avant, depuis toujours.
Nulle date ne saurait mettre l'âge de Dieu à jour.
En effet, l'existence de Dieu est éternelle
Dans le passé et le futur. Chose personnelle,
Propre à Dieu, qu'il a intentionnellement gardée
Secrète, c'est sa provision du temps. Les idées
Sur le début et la fin du temps sont basées
Sur des hypothèses dont la conclusion usée
Par les faux prophètes est bien indémontrable.
Le temps est une mesure par l'homme insondable.
On ne peut donc avoir que des incertitudes
Sur ce sujet et avouer en toute rectitude
Notre ignorance et celle des savants honnêtes
Qui répondent en toute vérité à cette requête.
L'incompréhensibilité de Dieu est telle
Que la foi seule peut nous mettre sous sa tutelle.
Jean Chrysostome et Athanase d'Alexandrie
Confirmèrent cette foi infinie en Jésus Christ.

Remerciements, Enseignement et Renouvellement

Jean 5 : 24 – 25

Merci pour ta faveur Seigneur Jésus. Merci
Pour ne permettre à personne d'être à ma merci
Et de me faire dépendre moi-même de ta loi.
Je suis ta nouvelle création, enseigne-moi
Mon seul Maître, Sauveur, Proviseur et Roi ;
Tes ordres sont la lumière par laquelle je vois.
La douceur de ton nom a exalté ma foi.
Tu ressuscites les morts qui entendent ta voix ;
Et les vivants qui l'entendent se renouvellent ;
Tout en portant leur croix vers la vie éternelle.

La vraie amitié est un don qui se multiplie
En donnant, mais en se réservant s'abolit.

D'un Pardon, d'un Abandon et d'un Don

Romains 8 : 36 ; Psaumes 44 : 22

Nous sommes condamnables mais non pas condamnés,
À cause du grand Seigneur qui nous a pardonnés.
Nous devons pardonner à notre tour, afin
De lui rendre grâces, lui le début et la fin.

Nous sommes délaissés, mais non pas abandonnés,
À cause du grand Seigneur par lequel nous sommes nés.
Nous devons à notre tour abolir la faim
Des pauvres qui n'ont rien, ni habits ni parfums.

Nous sommes tout le jour meurtris, mais non pas fanés,
À cause du grand Seigneur qui pour nous s'est incarné.
Nous devons à notre tour mes frères mettre fin
À la haine, d'un cœur sincère qui plus guère ne feint.

Le pardon est un fondement solide qui constitue l'une des marques les plus distinctives du christianisme. Nous sommes pardonnés d'une condamnation qui ne frappe plus guère la race humaine grâce au rédempteur.
Nous sommes délaissés par beaucoup qui sont devenus les ennemis de la croix de notre Seigneur Jésus Christ. Mais ne délaissons pas à notre tour, n'imitons pas le mal mais le bien, car celui qui fait le mal n'acceptera pas de se repentir ni de se faire pardonner, méprisant la valeur d'un tel pardon. Nous donc, n'étant pas délaissés par le Seigneur de la main duquel nul ne peut rien arracher et qui ne perd personne de ceux que le Père lui a donné, tenons ferme à la promesse, sachant que lui ne nous abandonne pas. C'est en effet lui-même qu'il nous faut imiter et c'est lui-même qu'il nous faut modeler afin de donner le bon exemple. Gardons l'espoir vivant. Il est le début et la fin. Il est tout pour tous. Rendons-lui grâces en actions de bienfaisance et de bienveillance qui parlent mieux que les mots et qui sont plus éloquentes que le langage de n'importe quelle sagesse humaine. Si nous demeurons en son amour, jamais nous ne ferons l'expérience de l'abandon de sa part, même s'il nous paraît quelquefois que son secours a tardé ; ne nous laissons pas exaspérer par cette apparente lenteur. C'est l'Éternel qui a créé le temps et qui en dispose à sa guise. Nous ne sommes que des créatures temporelles qui le prient, le supplient, l'attendent et le louent en tout temps ; en temps de guerre et en temps de paix ; en temps d'épreuves et en temps de bonheur facile ; en pleurs et en joie ; en toutes circonstances ayons-le présent à l'esprit, au cœur et dans la foi, l'assurance et la confiance qu'il n'abandonne pas ses élus.

Il nous a fait don de son amour, rejetons donc la haine et aimons-nous les uns les autres comme il nous a aimés. Si nous supportons pour lui des meurtrissures de la part d'ennemis que nous ne haïssons pourtant pas et pour lesquels nous prions, supportons encore, luttons jusqu'au sang selon le conseil paulinien qui nous avertit : « vous n'avez pas encore lutté jusqu'au sang contre le péché » (Hébreux 12 : 4). Or le péché dans le christianisme c'est la haine et rien d'autre. C'est elle qui cause les meurtres, c'est elle qui cause l'adultère, c'est elle qui cause les vols et c'est elle qui cause les blasphèmes. C'est la haine qui est à la racine de tous les maux. Et si on ne peut pas adorer Dieu et l'argent (Mathieu 6 : 24) c'est bien parce qu'on ne peut pas avoir en même temps l'amour de Dieu et sa haine. On aime Dieu ou bien on le hait. Si on le hait c'est parce qu'on a d'autres dieux qu'on aime, des dieux que l'argent nous offre d'acheter. Mais si nous acceptons ces dons-là, nous ne pourrons pas accepter le don que Dieu nous fit en nous donnant le Fils de son amour. Sachons donc garder ce don, le partager et le multiplier afin que ce don ne nous soit pas retiré à notre mort. Tous les autres dons nous seront retirés sauf celui-là. Remercions donc Dieu pour le don de son Fils, et redonnons à notre tour à nos frères, sans nous lamenter et sans nous avarier sur ce que nous donnons car le Seigneur aime un donneur joyeux. Comme nous avons bénéficié de son pardon, faisons-en bénéficier aussi ceux qui nous offensent. Si nous sommes délaissés, lui ne nous abandonnera pas. Quant à ses dons pour nous, travaillons dans la joie à en faire profiter les autres afin de vêtir ceux qui sont nus, de nourrir ceux qui ont faim et d'offrir à boire ne fut-ce qu'un verre d'eau fraîche à ceux qui ont soif.

Occasions, Évasions et Vision

Apocalypse 5 : 5

Seigneur Jésus, revigore-nous pour le salut,
Beaucoup sont appelés, mais très peu sont élus.
À quoi sert d'enseigner de pures absurdités ?
À quoi sert d'apprendre aux gens à te détester ?
Tu ne t'es pas manifesté aux incroyants.
Aveugles ; ils se sont crus lucides, clairvoyants.
Accepte l'offrande de notre entière soumission,
Ne nous rejette pas hors de ta céleste Sion.
Nous ne méritons pas ton immense support,
N'étant pas digne d'approcher de ton saint corps.
Mais tu nous en fis membres sans aucun mérite ;
Tu nous cajoles, veilles sur nous et nous abrites ;
Ton amour nous a transférés par l'Évangile,
De la mort à la vie ; grâce à ta main agile.
Nous croyions être noyés par nos grands chagrins ;
Ta droite nous a relevés, chaque nouveau matin.
Voilà que je fus de la mort la seule cible,
Quand tu vins en personne, vision indicible ;
M'ouvris le ciel, me fis voir Georges et son cheval,
Pichoï Kamel bienheureux, rayonnant, égal
En sainteté à l'armée des cieux qui te loue
En chantant : « Ton amour doux, saint, jamais n'échoue ;
Lion de Judas, tes messagers parmi les loups
Vêtus en agneaux, sont sauvés des pires des coups.
Toi seul et nul autre mérites la gloire sur terre.
Comme aux cieux. Jusqu'à quand, Dieu, souffriront nos frères » ?

Proclame, Mon âme et La Femme

Luc 7 : 50 ; 19 : 9

Seigneur Jésus, proclame-le qu'il faille pardonner ;
Être en paix au point que ce soit une chose innée,
Une seconde nature de t'aimer plus que moi-même ;
Être prête à te rendre cette âme que tu aimes
Tant que tu l'as rachetée, par le sang de l'alliance ;
Au prix de ton propre sang que rien ne compense
Ni pourrait l'égaler. Ton sang est supérieur
À toutes les valeurs qui existent ; et bien meilleur
Que celui des boucs et de tous les sacrifices
Qui puissent concourir à satisfaire la justice
Divine dans le monde ; toi qui as tout créé,
Qui fait vivre et mourir, et qui nous as confié
L'Esprit Saint. Je t'offre mon âme, multipliée,
Agrandie, parfaite ; et comme un arbre fruitier
Sain, bon et prospère, alourdie de fruits précieux
Et du savoir de ta grâce, ta croix ; sous les cieux.
Tu as donné la paix à la femme, le salut
À Zachée ; admets de même qu'on soit tes élus.

Fuite, Suite et Divin Gîte

Actes 27 : 37

Mon cher Jésus, que j'espère rejoindre bientôt,
Comme les deux cent soixante-seize âmes dans le bateau
Ne pouvaient être sauves s'il fallait déguerpir
Pour leurs chefs, ainsi devrions-nous dépérir
S'il nous fallait nous soustraire au commandement
Qui est tien. Je prie pour la demeure fermement
En ton amour qui surpasse tous les sentiments,
En ta paix qui surpasse toute raison. L'aliment
De la foi en toi est la seule vraie nourriture
Nécessaire à la santé de tes créatures.

S'il nous faut fuir le mal, il nous faut persister à faire le bien. L'altruisme est la clé qui nous permet d'ouvrir les portes du ciel. L'amour altruiste ne fuit pas devant le bien mais devant le mal.

Disons avec Samuel : « Me voilà Seigneur, parle car ton esclave est à l'écoute ». Ne fuyons pas de l'appel que nous avons reçu. Mais fuyons plutôt le mal et fuyons du mal en ne nous engageant pas sur ses entiers qui mènent au dépérissement.

Ces marins qui conduisaient le bateau et qui avaient l'intention de s'enfuir allaient causer la perte de tout l'équipage si ce n'était l'avertissement de Paul qui a prévenu le centurion et les soldats qui ont alors coupé les cordes du canot de sauvetage sur lequel les chefs s'apprêtaient à fuir pour sauver leur peau. Cette attitude de sauver sa propre âme et sa propre vie sans tenir compte du salut des autres c'est celle-là même que Jésus notre Sauveur dénonce en disant que « celui qui sauve son âme la perd et celui qui perd son âme pour moi et pour l'Évangile la sauve dans ce monde et pour la vie éternelle. »

Nous devons donner suite à notre foi par la constance et la cohérence qui y conviennent, en n'étant pas des auditeurs distraits mais des croyants qui pratiquent la parole. Nous devons par suite agir en conséquent de notre foi et produire les fruits de l'Esprit, afin que notre discours ne devienne pas un amas de mots vide, insignifiant et sans portée mais plutôt un flacon de parfum versé sur le corps du Christ qui en répand la bonne odeur.

Le Christ fait sa demeure en nous avec le Père et le Saint Esprit à qui soit la gloire pour toute éternité. Cette demeure est la nôtre et elle n'est pas faite par la main d'hommes mais par Dieu lui-même et c'est Dieu en personne qui nous honore de sa demeure en nous et avec nous. Faisons-lui donc l'accueil qui convient au Roi des rois et au Dieu des dieux en ne lui souhaitant pas seulement la bienvenue mais surtout en nous rendant dignes de sa volonté, des actions qu'il voudrait qu'on entreprenne et de celles dont il voudrait qu'on s'abstienne. Ce gîte invisible et mystérieux c'est notre cœur, c'est notre foi et c'est sous ce toit que nous prenons notre nourriture, que nous dormons, que nous faisons tout ce que nous faisons ; quand nous en sortons nous l'emportons avec nous et il nous suit, quand nous y rentrons, c'est la bonne odeur du Christ qui nous y attend et c'est son amour infini qui nous y souhaite la bienvenue pour nous rapatrier à lui, à la justice de son Royaume et à la paix de sa victoire que nous ne devons jamais compromettre. À lui la gloire maintenant et pour les siècles des siècles, Amen.

La Liberté, la Beauté et les Persécutés

Actes 16 : 23 – 39

La belle liberté de gloire des enfants de Dieu
N'est pas fragile mais fondée sur terre et aux cieux.
La tristesse lui est étrangère, elle qui provient
De la perte, du mensonge, du vol ; et qui vient
En multitudes d'idoles mortes qui ne valent rien,
Intransigeantes, persécuter les chrétiens.

La belle liberté de gloire des enfants de Dieu,
Même enchaînée en prison, elle triomphe des lieux.
La joie est sa partenaire, elles se multiplient
Dans la parole de vérité qui accomplit
En elles la plénitude, y demeure et fleurit
Produisant toutes sortes de bons fruits de l'Esprit.

La belle liberté de gloire des enfants de Dieu
Est l'emblème d'amour sous lequel nos chers aïeux
Ont vécu et furent ensevelis ; chérissant
Par-dessus tout l'Église qu'avec son propre sang
Le Christ Jésus a achetée, belle, splendide et sans
Tache ; dont la Sainte Vierge est l'astre resplendissant.

L'Ancien de Jours, l'Homme de Toujours et leur Dialogue Mis à Jour

Daniel 7 : 9

L'Ancien de Jours, la création rend témoignage
À sa gloire. Elle annonce son œuvre splendide, sage

Et pleine d'intelligence. Mais l'homme qui se partage
Entre cette éphémère existence et son âge,

Voit s'effondrer les années ; en regrette l'usage.
« La vie n'est-elle qu'une illusion ? Grotesque cage ?

Gigantesque mer qu'il faut passer à la nage ?
Livre qu'il faut lire sans pourtant en voir les pages ?

Piège ? Mauvaise farce ? Sans cesse coincé dans les parages
D'une mauvaise affaire ! Pourquoi suis-je dans l'engrenage » ?

« Je t'offrirai ma vie, comme les cadeaux des mages ;
Pour que tu puisses me voir, sans faire tant de tapages.

Je te multiplierai, comme le sable à la plage
Et les étoiles au ciel, j'accomplis ton lavage ;

Malgré tes protestations. Tu es l'apanage
De mon trône, le seul qui n'ignores pas mes adages ».

Adorons, Nous Produirons et Moissonnerons

Psaume 97 : 7 – 8 ; 127 : 2 – 3

Abaissez-vous, ô tous ses anges, pour l'adorer ;
Sion a entendu, elle s'en est réjouie. Parées
De joie, les filles de Judée trouvèrent leur plaisir
En tes jugements, Seigneur, tu es leur désir.
Le Seigneur donne à ses bien-aimés le sommeil,
L'héritage du Seigneur est ses fils, quelle merveille !
Merci Seigneur Jésus pour ta très grande faveur.
La vie avec toi a la meilleure des saveurs.
Que sais-je des portes de l'enfer et de ses clés ?
Des champs de bataille et de leurs fils barbelés ?
Je veux être parmi ceux qui verront ta gloire,
Dont le cœur est embrasé par ce seul espoir.
Seigneur Jésus, je ne voudrais pas avoir l'air
D'abuser de ta patience, demandant au Père
D'attendre cette année-là encore pour bêcher
Autour de moi, afin de ne plus me cacher.
Car les bons fruits que tu me permets de produire,
Égoïstement je me mets à m'en réjouir ;
Je cache sous la table ta lumière et ta grâce ;
Ton salut, tes trésors, tes exploits pour ma race
Et j'en passe. Je voudrais pouvoir me repentir,
Pouvoir te glorifier quitte à m'anéantir ;
Je voudrais ne jouir que de ta vertu prêchée
Par Saint Pierre ; non du silence qui feint de mâcher,
Pendant qu'il faudrait ouvrir la bouche pour cracher.
Je voudrais raconter notre histoire sans cacher
Aucun aspect de ta victoire dans ma défaite,
Ta force dans ma faiblesse, ma vision de ta fête,
Mes labeurs dans la sueur des dangers sans cesse,
Ta présence qui tient lieu de prières et de messes.
Je suis fatiguée, les poids sont beaucoup trop lourds
Pour moi toute seule ; je viens à Toi, Dieu, comme toujours ;
Je sais que tu vas me donner le grand repos
Où mon cœur est en paix, soumis à ton drapeau
D'amour, ne croyant qu'en ta parfaite bienveillance ;
Qui organise et distribue les tolérances,
Ne donne pas ta gloire à d'autres ; Dieu, à tes yeux,
Les plus sages ne le sont pas assez, sous les cieux ;
Et même à tes anges, tu attribues la folie.
Quand on vient à Toi malade, c'est Toi qui guéris ;
Quand on se croit sain d'esprit sans nous souvenir

Que tu es le créateur de tout, même du rire,
Des pleurs, de l'intelligence et des moindres choses ;
… À quoi sert de nous demander : « Qui est-ce qui ose » ?
Ça y est, le mal est fait, mais le bien abondant ;
Contre nous sont dressées les armures des géants ;
Mais c'est en vain que leur haine contre nous s'enflamme,
Sans raisons est leur haine ; « barbares » ils nous proclament.

Le Silence qu'il Faut, des Noms si Beaux et Leur Vie fut leur Dernier Mot

2 Samuel 15 : 31

Seigneur Jésus, tu donnes l'art de répondre à tout ;
Pas seulement avec des mots sages aux discours fous,
Mais aussi avec le silence, quand il le faut.
Pardonner quelque fois, c'est s'abstenir de mots.
Il y a encore ceux qui disent : « tu n'es que péchés »
Jusqu'aujourd'hui. Leurs actes ne te sont pas cachés.
Leurs intentions, fais-les échouer comme tu fis
Échouer le conseil d'Akhitophel qu'il fit
À Absalon pour que David, son père, périsse.
Que ton salut vainqueur leur poison abolisse ;
Ils sont très nombreux à se dresser contre moi ;
Et nul ne vient à mon secours excepté toi,
Mon Dieu qui m'as créée, pour te rendre la gloire
Et la vertu éternelles ; elles ne peuvent déchoir
À tout jamais, elles te sont propres, elles sont tiennes ;
Tu en fis don à Pierre, Jean, Jacques, Paul, Luc, Étienne,
Jude, Marc, André, Matthieu ; et d'autres très nombreux ;
Athanase ton apôtre, témoin bienheureux ;
Pour n'en citer que peu. En lettres de lumière,
Ils sont inscrits au Livre de Vie. Leurs prières
Sont vivantes, devant toi chaque jour, leur odeur
Par la ferveur de l'amour, remonte meilleure
Vers toi que l'encens le plus cher dans l'or précieux
Des encensoirs ; représentant la reine des cieux
Marie, ta mère bienheureuse qui t'a engendré
Sans intervention humaine. Fais se consacrer
À toi tous ceux qui veulent, dans la pureté du cœur,
Te voir et t'offrir tout ce qu'ils ont de meilleur.

Petite Prière : Cœurs Sincères et Esprits Clairs

Marc 1 : 34

Seigneur Jésus, éclaire notre esprit pour prendre
Précisément la mesure que tu fais pendre
Comme fruit de l'arbre planté au sommet des monts.
Car tu ne permets pas de parler aux démons
Dont l'insulte est sans cesse dans la bouche pour dévier,
Si possible, la vérité ; par l'amitié
Pour des valeurs reniant la véritable foi.
Or ton amour ne connaît pas une autre loi
Que celle de la confiance innée chez les enfants,
Qui les fait marcher dans ton cortège triomphant.
Éclaire notre esprit afin que l'on te reçoive
Dans notre humble demeure et que l'on te perçoive
À travers tout ce qui se passe pour comprendre
La dignité supérieure qu'il y a à rendre
La gloire à ton nom très Saint, et à t'attendre,
En œuvrant humblement aux tâches qui font fendre
Les ténèbres pendant qu'on est encore vivant,
Puisque parmi les morts, en vain souffle le vent.

Magda ma Sœur, Loi de la Grandeur et Gloire au Sauveur

Exode 20 : 3 – 17 ; Deutéronome 5 : 7 – 21

Seigneur Jésus, comment puis-je t'aimer davantage ?
Dans ma maladie et la vieillesse de mon âge !
Comment puis-je te témoigner ma reconnaissance ?
Je dois tout te dire, savoir ce que tu en penses.
Tes commandements sont ceux de la vie réelle,
Et tes paroles sont celles de la vie éternelle.
Pourquoi est-ce que j'ai tellement peur, Seigneur, Mon Dieu ?
Je sais que tu vas m'être miséricordieux.
Mais pourquoi la paix qui fuit, la confiance qui part ?
Ma foi est ma nourriture et toi mon rempart.
Je n'ai de véritable support que tes saints,
Qui t'aiment tellement qu'ils se sont de ta vertu ceint.

Guerre Finale, Paix Globale et les Coptes Contre le Mal

Mathieu 10 : 34 ; Luc 12 : 51

Seigneur Jésus, tu n'es pas venu apporter
La paix sur terre, mais la division et l'épée.
Tu as déclaré la guerre contre le péché
Et la mort : « que leur ombre ne soit plus cachée
À la lumière de ma justice et de ma vie. »
Tu déclares tien celui qui triomphe et survit.
Tu connais ceux qui te confessent et tu ignores
Qui hait ta croix, te renie et méprise ta mort.
Car ta mort a écrasé la mort, exalté
Les saints de tous les temps passés, ressuscité
Ceux qui ont trépassé dans la belle espérance
De ta venue et aboli toutes leurs souffrances ;
Elle a dévoré le péché dont le salaire
Est la mort. Point de condamnation donc sur terre
Ni dans les cieux pour ceux qui vivent dans ton amour
Qui crucifient leurs âmes à la lumière du jour ;
Qui entrent par la porte étroite mais salutaire
Et suivant le chemin épineux du calvaire,
Produisent les fruits de la paix : « tous les hommes sont frères,
Gloire à Dieu aux plus hauts sommets de l'univers
Joie à son humanité et paix sur la terre ».
Désormais grâce aux coptes, le mal meurt à la guerre.

Tendresse Sereine, Traditions Humaines et Hypocrisie Certaine

Mathieu 6 : 2

Seigneur Jésus, ta tendresse surpasse la raison ;
Ta paix règne sur le cœur, avant la maison.

Tu dénonças les traditions humaines, Maître !
Et défias les pseudo-religieux, les traîtres !

Lavage des mains, jeûnes pour l'apparence, la trompette
Avant l'aumône, l'aide aux parents vue comme défaite !

Parjures dont le serment ne concerne que l'or,
Offrandes matérielles et nettoyages du dehors !

Tu dénonças cette génération incrédule,
Dont l'enseignement impie prévaut et pullule !

Égarée et égarant ceux des prosélytes
Qui tombent sous leurs mains ; leur foi aussitôt s'effrite.

C'est dans la confusion que leur joie aboutit,
C'est sur le sable que leur maison est bâtie !

C'est dans la corruption qu'ils ont placé l'espoir,
C'est la honte travestie qu'ils veulent faire valoir !

Du trône de l'injustice ils réclament le pouvoir ;
Inventant le mensonge pour dérober ta gloire !

Délirant de leur mieux pour renier ton histoire,
Usant de ton nom pour récolter ta victoire.

Mes frères et Sœurs, Prions le Seigneur, de tout Notre Cœur

Luc 10 : 38 – 42

Seigneur Jésus, fais-nous avoir de la sagesse
Pour faire ta volonté. Donne-nous la hardiesse,

La positivité, l'amour de ta justice ;
Équipe-nous de bonne volonté pour que l'on puisse

Travailler dignement à répandre tes lois,
Tes mots d'amour, la force de la foi en toi.

Que fait la force de l'argent momentané ?
Ou celle du pouvoir politique et spontané ?

Ou celle des armes de guerre, des chefs militaires,
De l'honneur humain, de l'armement nucléaire ?

Éloigne de nous les hérésies illusoires.
Sauf de ta charité, du reste, fais-nous déchoir.

Nous considérons que tous les mensonges, les crimes,
Les offenses, la misère et les complots intimes,

Ne sont que vapeurs qui s'en vont disparaître ;
Au gré d'un vent qui meurt avant que de naître.

N'ayons pas peur du mal, car tu l'écartes loin
Du chemin de tes disciples. Leur seul besoin

C'est toi, comme tu l'as proclamé à la sœur Marthe,
Fais que nos vies, jamais de toi, ne se départent.

Mariologie, Allégorie et Antique Philanthropie

Éphésiens 5 : 31 – 32

Saint Paul rappelle aux Éphésiens : « L'homme doit quitter
Son père et sa mère et s'attacher à sa femme ».
Cette allégorie confirme l'amour contracté
Entre le Christ et son Église. De même que l'âme

Est liée au corps, ainsi le Christ à l'Église.
De même que l'homme est uni à la femme, ainsi
Le Christ à l'Église. Il s'agit d'une convoitise
Naturelle, jalouse et excessive ; que ne noircit

Aucune ombre car elle est de lumière et vie ;
Incorruptible car elle est vie éternelle.
L'Église est l'épouse et son époux l'embellit.
Elle est la plus sainte des femmes et la plus belle.

Mariologie

Si la mariologie est déjà antérieure
Au christianisme et au judaïsme, elle est leur
Continuation naturelle, étant inhérente
À leur foi, à leur spiritualité fervente
Et à leur doctrine. Car Isis et Pénélope
Sont les ancêtres du genre humain philanthrope.

Hommage à la plus Sage des Femmes de tous les Âges

Jean 2 : 5

Sainte Vierge Marie, intercède pour ta petite fille.
Vois comme on me hait, et regarde comme on me pille
De mes moindres droits. Mais je pardonne à l'image
De ton Fils qui a pardonné tous les outrages,
Tous les blasphèmes et toutes les fautes ; jusqu'à la croix
Et jusqu'à la mort il a pardonné. Ton Roi
Sainte Vierge Marie c'est aussi le nôtre. Ta joie,
C'est aussi la nôtre. Inaugurant la foi
À Cana, tu as posé la première colonne
De l'obéissance. À notre tour, on pardonne
Et on obéit aux commandements divins
Dont tu t'es mise à prêcher le mystère serein
Et l'humble obéissance lorsque tu apparus
Ma mère à ceux et celles qui cherchaient ton salut.

Paul et la Mondanité ; Esther et l'Humilité ; Dieu et l'Humanité

Philippiens 3 : 7 – 8 ; Esther ; Jean 8 : 12

L'heureux saint Paul, tout ce que le monde considère
Comme glorieux et digne d'honneur, pour s'en défaire
Il l'a considéré comme déchet, le rejette
Comme Esther méprisait son rang royal en tête
De l'empire dont elle était l'impératrice juive.
Elle était une vraie Israélite productive
D'obéissance à l'Esprit Saint pour conserver
Le peuple élu par lequel Dieu allait sauver
Le monde entier et bénir la terre et les cieux.
Sur Christ elle avait humblement fixé les yeux.
Il a donné à l'humanité des valeurs
Nouvelles, la débarrassant à jamais des leurres
Qui l'asservissaient au règne de la terreur
Et la réduisaient à l'esclavage de la peur.
Il a transformé la pierre en chair sur son cœur.
Il lui a donné la plus grande leçon d'amour
Par sa lumière il a changé sa nuit en jour.

Le temps : Le Laisser Passer Ou Le Dépenser ?

Éphésiens 5 : 16

Le temps est une entité à perdre, à passer,
Ou à dépenser ? Lorsque vous l'aurez laissé
S'écouler dans le vide, vous l'aurez vite perdu.
Lorsque vous l'aurez soumis aux malentendus,
Vous l'aurez laissé passer à côté de vous.
Lorsque vous aurez établi des rendez-vous,
Vous le dépenserez en fonction de l'attente ;
Vous l'aurez dépensé en abrégeant ses lentes
Souffrances et en prolongeant ses brèves réjouissances.
Gagner le temps, le sauver pour l'obéissance
Et pour la vie de la bénédiction, comme Paul
Nous l'apprend, c'est rejoindre sa marche, son envol
Vers le haut et vers l'avant. Quand, en avançant,
Vous ne reculerez pas, le progrès pressant,
Vous pourrez expérimenter la belle dépense.
Sachant tirer parti des plus méchantes vengeances
Que le sort a exercées contre vous. Enfin
L'amour comblera votre soif et votre faim.
Car les œuvres portent le nom de leurs auteurs,
Et les vôtres sont toutes inscrites dans les hauteurs :
Depuis les moindres verres d'eau fraîche que vous avez
Donnés aux plus petits, jusqu'aux grandes âmes sauvées
À votre insu, par votre intermédiaire pourtant,
Qui ont décidé de mettre à profit le temps.

www.ingramcontent.com/pod-product-compliance
Lightning Source LLC
LaVergne TN
LVHW082244150826
845677LV00009B/1520

* 9 7 9 8 5 3 3 4 7 0 6 9 8 *